Inhaltsverzeichnis

Liebe Schülerin, lieber Schüler,

dieser Band der Reihe „Besser in Deutsch“ hilft dir, deine Kenntnisse im Fach Deutsch zu verbessern. Du kannst gezielt Stoff nachholen und wiederholen, um sicherer zu werden! Zu allen Bereichen des Deutschunterrichts sind kleine Aufgaben angeboten, mit denen du selbstständig arbeiten kannst.

Die Schwerpunkte sind:

▷ **Texte schreiben**
Aufsätze verfassen

▷ **Texte lesen und verstehen**
Textverstehen, Textanalyse

▷ **Sprache kennenlernen**
Grammatik

▷ **Richtig schreiben**
Zeichensetzung und Rechtschreibung

Die Texte und die Aufgaben in diesem Buch sind so ausgewählt und zusammengestellt, dass dir die Bearbeitung möglichst leichtfällt.

TIPPS UND INFOS | **Zum Arbeiten mit diesem Buch**

- Das Buch enthält viele Erklärungen und Übungen. Arbeite sie durch und vergleiche deine Antworten mit den Lösungen im Lösungsheft. Verbessere Fehler.
- Bei einigen Übungen kannst du Stichworte oder Kreuzchen im Buch selbst machen. Nimm dazu am besten einen Bleistift, dann kannst du Fehler leichter ausbessern.
- Für andere Übungen (z. B. kleine Texte) brauchst du mehr Platz. Lege dir ein **eigenes Arbeitsheft** zu, in das du schreibst.
- Am Ende eines jeden Kapitels kannst du in einem kleinen Test überprüfen, ob du den Stoff nun beherrschst.

Viel Spaß und Erfolg beim Lernen!

1 Texte schreiben

Das musst du am Ende der Klasse 8 können:

- ▷ Argumente formulieren und diese durch Beispiele verstärken
- ▷ Eine lineare Erörterung verfassen
- ▷ Stellung nehmen, z. B. in einem Leserbrief
- ▷ Einen (auch längeren) Text sinnerfassend lesen
- ▷ Eine Inhaltsangabe schreiben
- ▷ Berichten

Sicher kennst du aus dem Alltag viele Situationen, in denen es wichtig ist, dass du deine Meinung vertreten kannst. So ist es in der Schule wichtig, die eigene Meinung zu einem bestimmten Thema äußern zu können. Aber auch wenn du mit deinen Eltern oder deinen Freunden diskutierst, möchtest du deinen Standpunkt vertreten und andere von deiner Meinung überzeugen.

Vielleicht bist du beim Lesen in einer Zeitung oder einer Zeitschrift schon einmal auf einen Leserbrief gestoßen? Wie man in einem Leserbrief Stellung nehmen kann, das kannst du in diesem Kapitel wiederholen.

„Lest bitte den Text auf Seite 87 und fasst den Inhalt zusammen“ oder auch „Schreibt bitte bis morgen eine Inhaltsangabe zu dem Film, den wir eben gesehen haben“. Das sind Sätze, die auch du sicher schon einmal in der Schule gehört hast, vermutlich nicht nur im Deutschunterricht. Oft wird dies auch in anderen Fächern, wie z. B. Geschichte, Biologie oder Erdkunde, verlangt. Wie aber gibt man den Inhalt eines Textes oder eines Films richtig wieder? Wie findest du heraus, was wichtig und was eher unwichtig ist? Und wie schaffst du es, den Inhalt eines Textes genau wiederzugeben, ohne Dinge durcheinanderzuwerfen, Wichtiges zu vergessen oder viel zu ausführlich zu schreiben? Auch hierbei soll dir dieses Kapitel helfen.

Du kannst darüber hinaus üben, die richtigen Worte zu finden und dich gut strukturiert so auszudrücken, dass du verstanden wirst. Und du kannst dir eine persönliche Checkliste über deine Fehlerschwerpunkte erarbeiten. Diese hilft dir, selbst geschriebene Texte gezielt zu überarbeiten. Wenn du dir für die Überarbeitung am Schluss einer jeden Klassenarbeit Zeit nimmst, werden die Noten sicher bald besser.

1.1 Argumentieren

TIPPS UND INFOS These und Argument

Wenn du deine Meinung zu einem bestimmten Thema äußerst oder jemanden von deinem Standpunkt überzeugen willst, dann ist es wichtig, **gute Argumente** zu haben. Sie bringen den anderen dazu, dich ernst zu nehmen und sich mit deiner Sicht der Dinge auseinanderzusetzen.
Diese „Kunst“ kann man erlernen, indem man einige Tipps beachtet.

- Wenn du eine **Meinung zu einem Thema** äußerst, dann handelt es sich hierbei zunächst einmal um eine **These**, also eine **Behauptung**.
  Beispiel: *Ich finde, Kinder ab 13 Jahren brauchen mindestens 40 € Taschengeld im Monat.*
- Diese These wird zu einem **Argument**, wenn du eine **passende Begründung** dazu lieferst.
  Beispiel: *Schließlich unternimmt man in diesem Alter viel mit seinen Freunden und braucht daher auch mehr Geld.*
- Noch überzeugender wird dein Argument, wenn du ein **Beispiel** anfügst.
  Beispiel: *Meine Clique und ich waren im letzten Jahr so oft im Freibad und hatten viel Spaß. Um mir eine Zehnerkarte kaufen zu können, benötige ich das Geld.*

Argumente, die für eine These sprechen, nennt man **Pro-Argumente**, Aussagen, die gegen die These sprechen, heißen **Kontra-Argumente.**

1 **Bestimme die folgenden Aussagen. Markiere alle Thesen mit einem „T“ und alle Argumente mit einem „A“.**

1. Jungen sind einfach besser in Mathematik und können schwierige Zusammenhänge leichter verstehen.
2. Das Rauchen ist besonders für Jugendliche gefährlich, da sie noch im Wachstum sind.
3. Klassenfahrten sind wichtig, denn sie stärken das Gemeinschaftsgefühl.
4. Jugendliche in der Stadt haben ein interessanteres Leben.
5. Mädchen können sich in sozialen Berufen besser behaupten als Jungen.
6. Den Führerschein sollte es in Deutschland schon mit sechzehn Jahren geben, da viele Auszubildende ihren Arbeitsplatz nur mit dem Auto erreichen.

DAS MUSST DU WISSEN Überzeugend argumentieren

Ein Argument geht über eine These hinaus, weil es nicht nur eine Behauptung aufstellt, sondern auch eine passende Begründung für die Behauptung enthält.

Gute Argumente sind:

- **Allgemein anerkannte Regeln und Tatsachen**
  Beispiel: *Zu viel Alkohol gefährdet die Gesundheit.*
- **Aussagen von Fachleuten und Experten**
  Beispiel: *Dr. Derbel, Leiter einer Suchtklinik in Bayern, hat diese Tatsache bestätigt.*
- **Hinweise auf geltende Rechte und Gesetze**
  Beispiel: *Das Trinken von Alkohol ist Jugendlichen unter 16 Jahren verboten.*
- **Ergebnisse von statistischen Untersuchungen**
  Beispiel: *Eine Studie des Bundesgesundheitsministeriums belegt, dass Alkoholkonsum gerade bei Jugendlichen zu erheblichen körperlichen Schädigungen führt.*
- **Eigene Erfahrungen** oder **Aussagen von Betroffenen**
  Beispiel: *Auch unser Nachbar hatte ein Alkoholproblem und hat erzählt, wie schlimm dieser Zustand ist.*

Keine Argumente sind:

- **Vorurteile und Verallgemeinerungen**
  Beispiel: *Alle Italiener essen gern Pizza. Das weiß schließlich jeder.*
- **Unbelegte Einzelmeinungen**
  Beispiel: *Deutschland wird nie wieder Fußballweltmeister. Das hat unser Nachbar auch gesagt.*

2 **Überprüfe die folgenden Aussagen und kreuze an, ob es sich um ein Argument handelt oder nicht. Begründe deine Entscheidung kurz.**

1. Ständiges Telefonieren mit dem Handy ist ungesund, denn in Tests hat sich herausgestellt, dass die Geräte bei Dauerbenutzung schädliche Strahlen aussenden.
   Argument? ☐ ja ☐ nein
   Begründung: ______

2. Mädchen haben in technischen Berufen weniger Zukunftschancen, weil ihnen das Verständnis für technische Zusammenhänge fehlt.
   Argument? ☐ ja ☐ nein
   Begründung: ______

3. Nächtliches Duschen in Mietwohnungen ist laut Bundesgerichtshof kein Grund für eine Beschwerde, da die so verursachten Geräusche zum normalen Tagesablauf gehören.
   Argument? ☐ ja ☐ nein

   Begründung: ____________________

4. Bayern München wird in diesem Jahr Deutscher Meister, denn auch unser Nachbar meint, dass die anderen Vereine keine Chance gegen die Bayern haben.
   Argument? ☐ ja ☐ nein

   Begründung: ____________________

3 Formuliere zu den folgenden Thesen jeweils zwei passende Argumente.

1. These: Schüler, die alt genug sind, sollten Ferienjobs annehmen.

   ____

2. These: Haustiere sind wichtig für Kinder.

   ____

4 Stütze jedes Argument zum Thema „Jugendliche sollten Sport in einem Verein betreiben“ durch ein bis zwei passende Beispiele. Notiere Stichworte.

Argument	Beispiel
Durch das Ausüben von Sport im Verein lernt man Leute mit gleichen Interessen kennen.	
Sport im Verein fördert den Teamgeist.	
Durch die sportliche Betätigung kann man sich auch mal vom Alltag ablenken.	
Sport gemeinsam mit anderen zu betreiben macht Spaß.	
Sport ist gesund und hält fit.	

DAS MUSST DU WISSEN – Lineare Erörterung: Aufbau

In einer Erörterung setzt man sich schriftlich mit einem Thema auseinander. Bei der dialektischen Erörterung werden zwei Positionen gegeneinander abgewogen (Pro- und Kontra-Argumente). Bei der linearen Erörterung wird nur eine Perspektive dargestellt.

So solltest du an eine lineare Erörterung herangehen:

- Notiere dir zunächst, was dir zum Thema einfällt.
- Danach kannst du deine Notizen nach Argumenten und Beispielen ordnen. Anschließend sortierst du deine Argumente vom schwächsten zum stärksten hin, denn wenn das stärkste Argument am Ende steht, bleibt es dem Leser leichter im Gedächtnis.
- Zum Schluss planst du den Aufbau deiner Erörterung.

So solltest du deine Erörterung gliedern:

- In der **Einleitung** führst du kurz zum Thema hin. Du nennst also das Thema, über das du schreiben möchtest.
  Beispiel: *Ich möchte mich gern zum Thema „Schuluniformen an deutschen Schulen" äußern.*
- Dann hast du verschiedene Möglichkeiten, um in das Thema einzusteigen und zu deiner Erörterung überzuleiten.
  - Du greifst auf **ein persönliches Erlebnis** zurück.
    Beispiel: *Bei meinem Schüleraustausch habe ich in England Schuluniformen kennengelernt.*
  - Du beziehst dich auf **einen konkreten Anlass**.
    Beispiel: *Letzte Woche haben wir in der Klasse über die Einführung von Schuluniformen gesprochen.*
  - Du gehst von einer **aktuellen Untersuchung zum Thema** aus.
    Beispiel: *Eine Umfrage unter Jugendlichen in Deutschland hat vor Kurzem ergeben …*
- Im **Hauptteil** formulierst du nun zunächst deine **eigene Meinung (These)** zum Thema. Dann begründest du deine These mithilfe der vorher **gesammelten Argumente,** wobei du das schwächste Argument an den Anfang und das stärkste an den Schluss stellst. Denke daran, wie wichtig gute **Begründungen** und **Beispiele** sind!
- Im **Schlussteil** kannst du deine besten Argumente kurz wiederholen und nochmals knapp deine eigene Meinung darstellen. Ein schöner **Schlusssatz** rundet deine Erörterung ab. Hier kannst du z. B. einen Ausblick in die Zukunft geben.
  Beispiel: *Dieses Thema wird auch in Zukunft noch häufig diskutiert werden.*

5 Nummeriere die folgenden Argumente nach ihrer Überzeugungskraft (1 = schwächstes Argument bis 3 = stärkstes Argument).

1. Ich bin dafür, innerhalb der Stadt den Bus zu benutzen, weil
   - ☐ ich sowieso kein Auto habe.
   - ☐ die Stadt tagsüber immer von Autos völlig verstopft ist.
   - ☐ man damit aktiv zum Umweltschutz beitragen kann.
2. Ich möchte in diesen Sommerferien mit meinen Eltern an die Nordsee fahren, weil
   - ☐ ich oft erkältet bin und mir die Luft an der See guttut.
   - ☐ das Wetter in den Bergen sowieso immer schlechter ist als an der See.
   - ☐ wir in den letzten Jahren immer im Schwarzwald Urlaub gemacht haben.
3. Ich wünsche mir eine Chat-Freundin aus dem Ausland, weil
   - ☐ mir nachmittags immer so langweilig ist.
   - ☐ ich mit dem Chatten meine Englischkenntnisse verbessern kann.
   - ☐ ich sie dann vielleicht irgendwann einmal besuchen kann.

DAS MUSST DU WISSEN – Überzeugende Erörterungen

- Genauso wichtig wie der sinnvolle Aufbau einer Erörterung sind **abwechslungsreiche Formulierungen.** Sicher helfen dir die folgenden Anregungen dabei, einzelne Argumente miteinander zu verbinden:
  ... ein weiteres wichtiges Argument ist ...
  ... beachten sollte man auch ...
  ... erstens, ... zweitens, ... drittens ...
  ... besonders wichtig scheint mir auch die Tatsache, dass ...
  ... nicht vergessen werden sollte auch ...
- Wichtiger als die Menge der Argumente ist ihre **Überzeugungskraft**. Verzichten solltest du auf schwache oder leicht zu widerlegende Argumente.
- Verwende eine **sachliche Sprache**. Flapsige Ausdrücke führen dazu, dass du eventuell nicht ernst genommen wirst.
- Die lineare Erörterung behandelt ein Thema zwar nur aus einer Perspektive, wenn du es dir allerdings zutraust, dann kannst du auch **Gegenargumente aufgreifen** und versuchen, diese zu widerlegen.

6 Schreibe eine Erörterung zum Thema „Sind Hausaufgaben wichtig?“ in dein Heft.

TIPPS UND INFOS **Leserbriefe**

Leserbriefe sind ein wichtiger Teil der Zeitung. Sie geben **Lesern** die Möglichkeit, öffentlich ihre **Meinung zu einem bestimmten Thema** zu äußern oder auch zu einem Artikel in der Zeitung oder Zeitschrift **Stellung zu nehmen.**
Die meisten Zeitungen und Zeitschriften haben in ihren Ausgaben einen eigenen Bereich für Leserbriefe. Leserbriefe müssen deutlich als solche **gekennzeichnet** sein und immer mit dem **Namen des Verfassers** versehen werden. Erst so erkennt der Leser, wer für den Brief verantwortlich ist.

7 Folgender Leserbrief stand in der Zeitung.

▷ Lies den Text.

Aus für Jugendtreff
Leserbrief zum Artikel vom 17. September

Das kann ja wohl nicht wahr sein! Mit großem Entsetzen habe ich den Artikel über die geplante Schließung des Jugendtreffs vom 17. September gelesen. Besonders bedauerlich finde ich, dass das Aus für den beliebten Anlaufpunkt für die Jugendlichen in unserer Stadt mal wieder mit Sparmaßnahmen begründet wird, wie ich in dem Artikel lesen musste. Die Stadt ist angeblich gezwungen, umfangreiche Kürzungen einzuleiten. Und wer muss wieder einmal darunter leiden? Die Jugendlichen, denen in unserer Stadt sowieso schon kaum sinnvolle Freizeitmöglichkeiten geboten werden. Apropos Sparmaßnahmen - beim Ausbau des Rathausplatzes, der eigentlich noch gar nicht nötig gewesen wäre und nur dazu dient, Besucher der Stadt zu beeindrucken, war von Geldmangel keine Rede. Für wen machen denn unsere Politiker ihre Politik? Für Besucher oder für die Bürger unserer Stadt?
Und dann haben sich angeblich auch noch Nachbarn über den Lärm im Jugendtreff beschwert, was ebenfalls zur geplanten Schließung beigetragen haben soll.
Die gleichen Leute, die sich hier beschweren, sind dann aber auch die, die sich über Jugendliche beklagen, die in der Innenstadt „herumgammeln“ und keine sinnvolle Beschäftigung finden.
Wo sollen die Jugendlichen denn hin? Zählen junge Menschen in dieser Stadt nicht? Die Politiker sollten sich mal Gedanken darüber machen, dass genau diese Jugendlichen die erwachsenen Einwohner von morgen sind. Einwohner, die in dieser Stadt arbeiten, Steuern zahlen und ihr Geld ausgeben. Ob die jungen Menschen, denen man jetzt die letzte Möglichkeit zur sinnvollen Freizeitgestaltung nimmt, allerdings wirklich später einmal in einer solchen Stadt leben wollen, ist fraglich.
Lena Meiser, Taubenheim

▷ Untersuche den Leserbrief von Lena (S. 12) nun genauer. Notiere Stichworte.

1. Um welches Thema geht es hier?

2. Auf welche Aussagen aus dem Artikel vom 17. September bezieht sich Lena im Einzelnen?

3. Welche Argumente bringt sie gegen das geplante Vorhaben der Stadt?

4. Findest du weitere Argumente, die Lenas Meinung unterstützen könnten?

DAS MUSST DU WISSEN **Einen Leserbrief schreiben**

- Bilde dir zuerst eine eigene Meinung zum Thema.
- Unterstreiche im Text die Informationen, auf die du dich beziehen willst.
- Mache zunächst deutlich, zu welchem Artikel du dich äußern willst.
- Greife in deinem Leserbrief Aussagen aus dem Artikel auf.
- Stelle deine Argumente und Beispiele deutlich und sachlich dar.
- Finde abschließend eine passende Überschrift und setze deinen Namen unter den Brief.

8 Schreibe einen Leserbrief zum folgenden Artikel.

▷ Lies zunächst den Text.
▷ Schreibe einen Leserbrief, in dem deine Meinung zum Thema „Markenwahn unter Jugendlichen" deutlich wird.

„Billige Klamotten kommen mir nicht in die Tüte"
Der Markenwahn der heutigen Jugend

Sind junge Leute heutzutage wirklich so abhängig von teuren Marken, wie es allgemein angenommen wird? Immer wieder hört man, dass es für die Jugendlichen von heute besonders wichtig ist, im Trend zu sein und teure Markenartikel zu besitzen. Ohne diese Luxussymbole fühlen sich die jungen Menschen anscheinend nicht akzeptiert und es fehlt ihnen an Selbstbewusstsein. Immer wieder hört man von Fällen, in denen Schülerinnen und Schüler von Gleichaltrigen gemobbt und ausgegrenzt werden, wenn sie sich nicht dem allgemein gültigen „Markenwahn“ anschließen. Schüler, die sich weigern, dem Trend zu folgen, werden von ihren Klassenkameraden abgelehnt und stehen im Abseits. Genauso ergeht es Kindern, denen es einfach nicht möglich ist, teure Kleidung zu tragen, weil ihre Eltern es sich aus finanziellen Gründen nicht leisten können. Wer sich nicht kleidet wie es die großen Stars vormachen, der ist einfach „out“. Da muss man sich doch wirklich fragen - ist unsere heutige Jugend wirklich so oberflächlich?

Taubenheimer Bote, 23. April 2011

1.2 Eine Inhaltsangabe schreiben

TIPPS UND INFOS **Grundsätzliches zur Inhaltsangabe**

Eine Inhaltsangabe ist ein informierender Text. Sie hat die Aufgabe, den Inhalt eines Textes (eines Buchs oder Films) knapp, in der richtigen Reihenfolge und mit eigenen Worten wiederzugeben. Die Zeitform ist das Präsens, auf wörtliche Rede, Zitate und Ausschmückungen ist zu verzichten.

1 Setze die angebotenen Ausdrücke in den Lückentext ein.

in eigenen Worten *die wörtliche Rede* *Präsens* *Einzelheiten*
richtige Reihenfolge *Ausschmückungen* ~~*sachlich*~~

1. In einer Inhaltsangabe sollen keine ______ erzählt werden.
2. Die Zeitform der Inhaltsangabe ist immer das ______ .
3. Anders als in einer Nacherzählung ist die Sprache in einer Inhaltsangabe *sachlich* und es dürfen keine ______ enthalten sein.
4. Auch ______ oder Zitate sollten vermieden werden. Stattdessen benutzt man die indirekte Rede.
5. Beim Wiedergeben des Inhalts muss man die ______ einhalten.
6. Man sollte vermeiden, Formulierungen aus dem Text zu übernehmen, sondern den Text ______ zusammenfassen.

2 **Bevor du eine Inhaltsangabe schreibst, musst du den Text zuerst gut verstehen.**

Lies die Kurzgeschichte zunächst aufmerksam durch.

Anekdote zur Senkung der Arbeitsmoral
Heinrich Böll

In einem Hafen an einer westlichen Küste Europas liegt ein ärmlich gekleideter Mann in seinem Fischerboot und döst. Ein schick angezogener Tourist legt eben einen neuen Farbfilm in seinen Fotoapparat, um das idyllische Bild zu fotografieren: blauer Himmel, grüne See mit friedlichen, schneeweißen Wellenkämmen, schwarzes Boot, rote Fischermütze. Klick. Noch einmal: klick, und da aller guten Dinge drei sind und sicher sicher ist, ein drittes Mal: klick. Das spröde, fast feindselige Geräusch weckt den dösenden Fischer, der sich schläfrig aufrichtet, schläfrig nach seiner Zigarettenschachtel angelt; aber bevor er das Gesuchte gefunden, hat ihm der eifrige Tourist schon eine Schachtel vor die Nase gehalten, ihm die Zigarette nicht gerade in den Mund gesteckt, aber in die Hand gelegt, und ein viertes Klick, das des Feuerzeugs, schließt die eilfertige Höflichkeit ab. Durch jenes, kaum messbare, nie nachweisbare Zuviel an flinker Höflichkeit ist eine gereizte Verlegenheit entstanden, die der Tourist - der Landessprache mächtig - durch ein Gespräch zu überbrücken versucht.
„Sie werden heute einen guten Fang machen."
Kopfschütteln des Fischers.
„Aber man hat mir gesagt, dass das Wetter günstig ist."
Kopfnicken des Fischers.
„Sie werden also nicht ausfahren?"
Kopfschütteln des Fischers, steigende Nervosität des Touristen. Gewiss liegt ihm das Wohl des ärmlich gekleideten Menschen am Herzen, nagt an ihm die Trauer über die verpasste Gelegenheit.
„Oh, Sie fühlen sich nicht wohl?"
Endlich geht der Fischer von der Zeichensprache zum wahrhaft gesprochenen Wort über. „Ich fühle mich großartig", sagt er. „Ich habe mich nie besser gefühlt." Er steht auf, reckt sich, als wollte er demonstrieren, wie athletisch er gebaut ist. „Ich fühle mich fantastisch."
Der Gesichtsausdruck des Touristen wird immer unglücklicher, er kann die Frage nicht mehr unterdrücken, die ihm sozusagen das Herz zu sprengen droht: „Aber warum fahren Sie dann nicht aus?"
Die Antwort kommt prompt und knapp. „Weil ich heute Morgen schon ausgefahren bin."
„War der Fang gut?"

„Er war so gut, dass ich nicht noch einmal auszufahren brauche, ich habe vier Hummer in meinen Körben gehabt, fast zwei Dutzend Makrelen gefangen ..."
Der Fischer, endlich erwacht, taut jetzt auf und klopft dem Touristen beruhigend auf die Schultern. Dessen besorgter Gesichtsausdruck erscheint ihm als ein Ausdruck zwar unangebrachter, doch rührender Kümmernis.
„Ich habe sogar für morgen und übermorgen genug", sagt er nun, um des Fremden Seele zu erleichtern. „Rauchen Sie eine von meinen?"
„Ja, danke."
Zigaretten werden in Münder gesteckt, ein fünftes Klick, der Fremde setzt sich kopfschüttelnd auf den Bootsrand, legt die Kamera aus der Hand, denn er braucht jetzt beide Hände, um seiner Rede Nachdruck zu verleihen.
„Ich will mich ja nicht in Ihre persönlichen Angelegenheiten mischen", sagt er, „aber stellen Sie sich mal vor, Sie führen heute ein zweites, ein drittes, vielleicht ein viertes Mal aus, und Sie würden drei, vier, fünf, vielleicht gar zehn Dutzend Makrelen fangen ... stellen Sie sich das mal vor."
Der Fischer nickt.
„Sie würden", fährt der Tourist fort, „nicht nur heute, sondern morgen, übermorgen, ja, an jedem günstigen Tag zwei-, dreimal, vielleicht viermal ausfahren - wissen Sie, was geschehen würde?"
Der Fischer schüttelt den Kopf.
„Sie würden sich in spätestens einem Jahr einen Motor kaufen können, in zwei Jahren ein zweites Boot, in drei oder vier Jahren könnten Sie vielleicht einen kleinen Kutter haben, mit zwei Booten oder dem Kutter würden Sie natürlich viel mehr fangen - eines Tages würden Sie zwei Kutter haben, Sie würden ..." - die Begeisterung verschlägt ihm für ein paar Augenblicke die Stimme - „Sie würden ein kleines Kühlhaus bauen, vielleicht eine Räucherei, später eine Marinadenfabrik, mit einem eigenen Hubschrauber rundfliegen, die Fischschwärme ausmachen und Ihren Kuttern per Funk Anweisungen geben. Sie könnten die Lachsrechte erwerben, ein Fischrestaurant eröffnen, den Hummer ohne Zwischenhändler direkt nach Paris exportieren - und dann ...", wieder verschlägt die Begeisterung dem Fremden die Sprache. Kopfschüttelnd, im tiefsten Herzen betrübt, seiner Urlaubsfreude schon fast verlustig, blickt er auf die friedlich hereinrollende Flut, in der die ungefangenen Fische munter springen. „Und dann", sagt er, aber wieder verschlägt ihm die Erregung die Sprache.
Der Fischer klopft ihm auf den Rücken, wie einem Kind, das sich verschluckt hat. „Was dann?", fragt er leise.
„Dann", sagt der Fremde mit stiller Begeisterung, „dann könnten Sie beruhigt im Hafen sitzen, in der Sonne dösen und auf das herrliche Meer blicken."
„Aber das tue ich ja schon jetzt", sagt der Fischer, „ich sitze beruhigt am Hafen und döse, nur Ihr Klicken hat mich dabei gestört."

Tatsächlich zog der solcherlei belehrte Tourist nachdenklich von dannen, denn früher hatte er auch einmal geglaubt, er arbeite, um eines Tages einmal nicht mehr arbeiten zu müssen, und es blieb keine Spur von Mitleid mit dem ärmlich gekleideten Fischer in ihm zurück, nur ein wenig Neid.

3 Überprüfe nun, welche Aussagen zum Text passen und kreuze die richtigen an.

1. - [ ] An einer Küste im Süden Europas liegt ein ärmlich gekleideter Fischer in seinem Boot und döst.
   - [ ] In einem Hafen an einer westlichen Küste Europas sitzt ein Fischer auf der Hafenmauer und schaut auf das Wasser.
   - [ ] Ein ärmlich gekleideter Fischer liegt in einem Hafen an einer westlichen Küste Europas in seinem Fischerboot und döst.

2. - [ ] Ein schick gekleideter Tourist kommt hinzu und spricht den Fischer spontan an.
   - [ ] Ein schick gekleideter Tourist beginnt den Fischer in seinem Boot zu fotografieren.
   - [ ] Ein schick gekleideter Tourist tritt auf den Fischer zu und bittet ihn um eine Zigarette.

3. - [ ] Der Fischer steht auf und beginnt ein Gespräch mit dem Touristen.
   - [ ] Der Fischer wird wach und will sich eine Zigarette anzünden.
   - [ ] Der Tourist bekommt von dem Fischer eine Zigarette.

4. - [ ] Dem Touristen tut der arme Fischer leid und er beginnt ein Gespräch mit ihm, in dem er ihn nach seinen bisherigen Erfolgen beim Fischfang fragt.
   - [ ] Der Tourist unterhält sich mit dem Fischer über die Schönheit der Gegend.
   - [ ] Der Fischer fragt den Touristen, ob ihm sein Urlaub gefällt.

5. - [ ] Der Fischer lässt sich sofort von dem Touristen in ein Gespräch verwickeln.
   - [ ] Der Fischer reagiert zunächst nur mit Nicken oder Kopfschütteln auf die Fragen des Touristen und beginnt erst nach einer Weile zu sprechen.
   - [ ] Der Fischer steht auf und geht weg.

6. - [ ] Der Fischer wird nervös, als der Tourist auf ihn einredet.
   - [ ] Der Fischer versucht den Touristen davon zu überzeugen, dass es richtig ist, heute nicht noch einmal zum Fang aufzubrechen.
   - [ ] Der Tourist scheint ganz unglücklich zu sein und kann nicht verstehen, warum der Fischer nicht noch einmal aufs Meer hinausfahren will.

7. Der Tourist wird wütend und lässt den Fischer stehen.
   Der Fischer bleibt ruhig und versucht, auch den Touristen zu beruhigen.
   Der Fischer wird sauer, weil der Tourist sich in seine Angelegenheiten mischt.

8. Der Tourist versucht dem Fischer klarzumachen, dass er mit dem Fischfang reich werden könnte, wenn er es nur richtig anstellen würde.
   Der Tourist findet die Lebensweise des Fischers gut und bewundert ihn.
   Der Fischer ist neidisch auf den scheinbar wohlhabenden Touristen.

9. Während des Gesprächs wird der Fischer immer nervöser und der Tourist bleibt ganz ruhig.
   Der Tourist wird immer nervöser und der Fischer hat schon ein wenig Mitleid mit ihm.
   Der Fischer ist begeistert von den Vorschlägen des Touristen.

10. Der Tourist kann den Fischer von seinen Vorschlägen überzeugen und geht begeistert weg.
    Der Tourist lässt den verstörten Fischer im Hafen zurück.
    Der Tourist ist am Ende neidisch auf den Fischer, weil dieser zwar in bescheidenen, aber dennoch glücklichen Umständen lebt.

DAS MUSST DU WISSEN **Inhaltsangabe: Aufbau**

Für den Aufbau einer Inhaltsangabe gibt es bestimmte Vorgaben.

- **Einleitung:**
  Wie heißen **Autor** und **Titel** des Textes?
  Zu welcher **Textart** gehört der Text?
  Um welches **Thema** geht es in dem Text (möglichst in ein oder zwei Sätzen die Kernaussage des Textes wiedergeben)?
- **Hauptteil:**
  Hier gibst du die **wichtigsten Handlungsschritte** der Geschichte wieder:
  Wie verläuft die Handlung? Wer ist beteiligt? Warum handeln die Figuren in dieser Weise?
- **Schlussteil:**
  Ein Schluss ist nicht immer nötig, **rundet** deine Inhaltsangabe aber auf jeden Fall **ab.** Hier kannst du kurz **zusammenfassen**, welche Wirkung oder Aussage der Text hat.

4 **Formuliere einen Satz, der deine Inhaltsangabe der „Anekdote zur Senkung der Arbeitsmoral“ einleitet. Arbeite im Heft.**

5 **In den Hauptteil deiner Inhaltsangabe gehören nur wichtige Informationen.**

▷ Entscheide, welche Informationen für deine Inhaltsangabe wichtig sind.
▷ Streiche unwichtige Angaben.
▷ Bringe nun die wichtigen Angaben in die richtige Reihenfolge.
▷ Nummeriere sie.

- Ein schick angezogener Tourist legt einen neuen Farbfilm in seinen Fotoapparat.
- Ein einfach gekleideter Fischer liegt in seinem Boot und döst.
- Nachdem der Fischer bisher nur die Zeichensprache benutzt hat, antwortet er dem Touristen nun endlich.
- Beide stecken sich eine Zigarette in den Mund und der Fotoapparat klickt ein fünftes Mal.
- Der Tourist hat nun kein Mitleid mehr mit dem armen Fischer; er ist sogar ein bisschen neidisch auf ihn.
- Der Fischer steht auf, reckt sich und es sieht so aus, als wolle er zeigen, wie sportlich er ist.
- Der Tourist wird während des Gesprächs immer nervöser.
- Der Tourist versucht, mit dem Fischer ein Gespräch zu beginnen.
- Der Tourist fragt den Fischer, ob er denn heute nicht noch einmal zum Fischen fahren will.
- Der Tourist blickt auf das friedliche Meer.
- Der Tourist versucht den Fischer davon zu überzeugen, dass er mit dem Fischen reich werden könnte.
- Der Fischer bemerkt die Hektik des Touristen, bleibt aber die ganze Zeit ruhig.

6 **Formuliere einen passenden Schlussteil für deine Inhaltsangabe. Arbeite im Heft.**

DAS MUSST DU WISSEN **Inhaltsangabe: Sprache**

- Verwende eine **sachliche Sprache** und keine spannenden Formulierungen.
- Verzichte auf unwichtige Details.
- Benutze das **Präsens** (die Gegenwartsform).
- Fasse den Inhalt mit eigenen Worten und in der **richtigen Reihenfolge** zusammen.
- Verwende keine wörtliche Rede, sondern benutze die **indirekte Rede.**

7 Überarbeite die folgenden Sätze. Achte auf eine sachliche Sprache und streiche ausschmückende und spannende Formulierungen.

BEISPIEL

„Wir beschlossen schließlich, gemeinsam in die Stadt zu fahren. Mutter brauchte dringend eine neue Hose, da sie etwas zugenommen hatte. Mein Vater sprach schon lange von einer größeren Aktentasche, und ich benötigte für den Kunstunterricht für morgen noch einige ganz besondere Pinsel, die wir uns laut Aussage unserer Kunstlehrerin selbst besorgen mussten."

Genauer: *Wir beschlossen, gemeinsam in die Stadt zu fahren, da wir alle noch Besorgungen zu machen hatten.*

1. Lisa erzählte von ihrem Urlaub auf dem Reiterhof, der ihr so gut gefallen hatte. Der Reiterhof lag mitten in Bayern in einer schönen, weitläufigen Landschaft. Es gab dort einen Badesee, viele Wanderwege, einen tollen Kletterpark, eine unheimlich große Skaterbahn, hohe Berge und viele Möglichkeiten zum Ausreiten.

2. Max kam bereits am ersten Praktikumstag ziemlich spät nach Hause. Er erzählte seinen Eltern, was er erlebt hatte: „Gleich heute Morgen hat mir der Meister die Aufgabe gegeben, hinten im Lager die Glühbirnen, die Steckdosen und die Kabel neu zu sortieren. Mann, das war vielleicht eine Unordnung! Dann sollte ich die Werkzeuge, die oben rechts im Regal lagen, nach unten räumen und die Kästen mit den Steckverbindungen mussten auch noch geordnet werden. Zum guten Schluss musste ich dann das Lager noch blitzblank fegen."

3. Der Dieb näherte sich langsam dem Haus, guckte sich einige Male um und vergewisserte sich, dass niemand auf der Straße zu sehen war. Geduckt schlich er weiter und verharrte kurz hinter den Rosenbüschen. Gespannt blieb er stehen und lauschte in die dunkle Nacht. Irgendwo bellte ein Hund und aus dem Nachbarhaus erklang leise Musik. Er ging auf leisen Sohlen weiter und umging geschickt den Haufen mit trockenen Zweigen, die ihn durch ihr Knacken verraten könnten.

8 **Verwende in deiner Inhaltsangabe nur die indirekte Rede (s. auch S. 68 f.).**

- ▷ Forme die Sätze wie im Beispiel von der direkten in die indirekte Rede um.
- ▷ Arbeite in deinem Heft.

BEISPIEL

Direkte Rede:
Paul sagte: „Ich habe endlich einen Praktikumsplatz bei der Firma Müller gefunden und bin total froh darüber."

Indirekte Rede:
Paul sagte, er habe endlich einen Praktikumsplatz bei der Firma Müller gefunden und sei sehr froh darüber.

1. „Ich glaube nicht, dass ich das heute noch in Erfahrung bringen kann", entgegnete Susanne schließlich genervt.
2. Der alte Mann sprach den Busfahrer an und fragte ihn höflich: „Können Sie mir sagen, welche Buslinie ich nehmen muss, wenn ich in den Stadtpark fahren möchte?"
3. Sven schaute ziemlich verzweifelt von seinem Mathebuch auf. „Das kann ich bis morgen niemals schaffen. Die Aufgaben sind einfach zu schwierig und ich habe im Unterricht wohl zu oft nicht aufgepasst. Kannst du es mir noch einmal erklären, Karl?"
4. Mit einem Grinsen wandte sich Lara an Sabine und sagte: „Also, Steffi hat mir gestern erzählt, dass Roman nach dir gefragt hat. Er war wohl ganz schön enttäuscht, dass du nicht mit ins Kino gekommen bist. Steffi meint, der steht auf jeden Fall auf dich."

1.3 Berichten

DAS MUSST DU WISSEN Merkmale eines Berichts

Meldungen und **Nachrichten** stellen die kürzesten Textformen dar, die über ein Geschehen berichten. Ein **Bericht** bietet dem Leser hingegen ausführlichere Informationen. Du hast sicher schon einmal von **Unfallberichten**, **Polizeiberichten** oder **Praktikumsberichten** gehört.

Der Berichtende muss sich immer zwei zentrale Fragen stellen:

1. Die Frage nach dem **Adressaten**
   Für wen berichte ich? Wer sind meine Leser?
2. Die Frage nach **Absicht und Zweck** des Berichtes
   Möchte ich einen kurzen und möglichst schnellen Überblick über ein Geschehen geben oder soll der Adressat ausführlich informiert werden?

Beim Verfassen eines Berichtes solltest du Folgendes beachten:

- Der Bericht orientiert sich an den **W-Fragen**: Wer? Was? Wann? Wo? Wie? Warum? Mit welchen Folgen?
- In einem **Zeitungsbericht** steht **das Wichtigste am Anfang** (Wer? Was? Wo? Wann?). Anschließend folgen Hintergrundinformationen.
- **Aussagen von Beteiligten** werden in der Regel nicht wörtlich, sondern in **indirekter Rede** wiedergegeben.
- Ein Bericht wird **sachlich** und **präzise** geschrieben. Er enthält keine Gefühle, Wertungen oder Meinungen des Verfassers.

Zeitformen im Bericht:
Ein Bericht steht **in der Regel im Präteritum**. Es sind jedoch auch andere Zeitformen möglich.

- Ein Bericht, der über ein vergangenes Geschehen informiert, wird im **Präteritum** geschrieben: *Der Schüler **gewann** den Wettbewerb.*
- Was vor dem berichteten Ereignis geschehen ist, steht im **Plusquamperfekt**: *Er **hatte** sich ein halbes Jahr lang intensiv darauf **vorbereitet**.*
- Berichte, in denen allgemeine Informationen im Vordergrund stehen, Dokumentationen oder Reiseberichte, die Auskunft über bestimmte Gegebenheiten von Landschaft oder Kultur eines Landes geben, werden im **Präsens** formuliert: *Zwei Drittel der Bevölkerung **leben** in Armut.*
- Für Ausblicke wird das **Futur** verwendet: *Ihre Situation **wird sich** auch in naher Zukunft nicht **verbessern**.*

1 **In der folgenden Tabelle steht immer ein anschaulich formulierter Text neben einem sachlich neutralen Text. Markiere den jeweils sachlichen Text.**

Zwischen Rauch und Ruß – die Köhlerkinder von Manila

1. Mary-Rose Isolo wohnt mit ihrer Familie in Manila auf den Philippinen am Rande einer riesigen Müllkippe. Wie viele Familien des Armenviertels verdienen die Isolos ihr Geld als Köhler: Sie stellen Holzkohle her. Tagein, tagaus schuften sie inmitten von beißenden Qualmwolken und brütender Hitze. Auch Mary-Rose und ihre Schwestern müssen helfen. [...]

2. Viele Familien auf den Philippinen leben in Armenvierteln und verdienen ihr Geld mit der Herstellung von Holzkohle. Auch Kinder werden zu den täglichen Arbeiten herangezogen. [...]

3. Die monotonen Aufgaben der Mädchen bestehen darin, brauchbares Holz auf den Müllkippen zu sammeln, es in einer flachen Grube zu schichten und später darauf zu achten, dass es gut abgedeckt ist, damit die Glut nicht zu viel Luft bekommt.

4. Woche für Woche hat der Alltag von Mary-Rose und ihren Schwestern den immer gleichen Rhythmus: Holz suchen auf der Müllkippe, wo Lastwagen den Abfall der Millionenstadt im Minutentakt abladen. Holz schichten in einer flachen Erdmulde, die als Ofen dient, Holz abdecken mit Blech und Sand, damit die Glut später nicht zu viel Luft bekommt. Nur so entsteht Holzkohle, die die Isolos als Brennmaterial verkaufen können.

5. Die Menschen nennen diese Gegend [...] „Aroma“, weil es [...] ständig stinkt. Hier lebt Mary-Rose mit Vater Vergilo, Mutter Kristin und den Schwestern Rosaly und Rachel in einem winzigen Verschlag aus Holz, Blech und ein paar alten Planen. Die meisten Menschen in „Aroma“ leben von dem, was andere wegwerfen: Entweder suchen sie nach brauchbarem Müll und verkaufen ihn weiter. Oder sie sammeln Holz und stellen daraus Holzkohle her. Wie die Isolos. Das Geld reicht meistens nur für Reis und Salz.

6. Die Menschen, die nahe der Müllkippe in ärmlichen Baracken wohnen, leben entweder vom Müll oder sie sammeln Holz und verdienen sich als Köhler ihren bescheidenen Lebensunterhalt.

GEOlino, Februar 2008

2 Ordne die sachlichen Formulierungen den längeren Beschreibungen zu.

tagein, tagaus schuften sie	*bescheidener Lebensunterhalt*
Hier lebt ... in einem winzigen Verschlag aus Holz, Blech und ein paar alten Planen.	*monotone Aufgaben*
Woche für Woche ... den immer gleichen Rhythmus ...	*ärmliche Baracken*
... leben von dem, was andere wegwerfen: Entweder suchen sie nach brauchbarem Müll und verkaufen ihn weiter. Oder sie sammeln Holz und stellen daraus Holzkohle her.	*tägliche Arbeiten*
Das Geld reicht meistens nur für Reis und Salz.	*leben vom Müll*

3 Forme die Beschreibungen in sachliche und zusammenfassende Aussagen um.

Erdbeben

Die Tür öffnete sich und auf der Schwelle erschien ein Mann, bekleidet mit einem zweireihigen schwarzen Nadelstreifenanzug, einem weißen Hemd mit silbergrauer Fliege, dazu silbernen Manschetten sowie einer silbergrauen Weste.

Ein ohrenbetäubender Lärm von splitternden Glasscheiben, klirrendem Geschirr und dröhnendem Grollen riss die Einwohner der Kleinstadt unsanft aus dem Schlaf.

Nach den ersten folgenschweren Erdstößen drängten sich die Besucher der Burgruine in panikartiger Flucht durch die viel zu engen Gänge, vorbei an einsturzgefährdeten Säulen und herabstürzenden Steinbrocken zu den Außentoren, um dem Schlimmsten zu entkommen.

4 **Die folgenden Textpassagen stammen aus einer Reportage (s. S. 35).**

- ▷ Lies dir jeweils einen Abschnitt gründlich und mehrmals durch.
- ▷ Fasse dann die anschaulich geschilderten Informationen kurz und sachlich zusammen.

Der Stolz der Müll-Menschen von Dhaka: Leben im Müll

1. Es gibt wenig Überfluss in Bangladesh, deswegen ist nichts überflüssig. Schon gar nicht am Ufer des Burigana mitten in Dhaka, einer der drei Welthauptstädte des Elends. Neun, vielleicht zehn Millionen Menschen wohnen hier in Slums [...] Burigana, der „Alte Ganges“, ist eine erbärmliche Brühe aus Chemiegiften, Fäkalien, Dreck aller Art. Und Lebensader für Abertausende, die ihr Auskommen suchen im Geschäft mit dem Abfall. Tausende Tonnen Müll scheidet die Stadt täglich aus. Kaum die Hälfte davon transportiert die Verwaltung ab. Morgens schwärmen Frauen und Kinder aus, sammeln aus dem Müll ein, was sich gebrauchen lässt.

2. Mit zwei, drei schnellen Schlägen knacken sie die Batterien. Die Innereien werfen sie auf Haufen, die im Laufe des Tages immer weiter heranwachsen, bis die Frauen fast hinter ihnen verschwinden. So viel steckt in aufgebrauchten Batterien, Zink und Kohle, Blech und Plastik. Man muss die Stoffe nur herausholen, trennen, verkaufen.

3. Dort ist Hektik, Geschrei. Farida entdeckt am Fuße ihres Müllberges einen Fremden, einen der Unglücklichen, die vor der Armut auf dem Land in die Stadt geflohen sind. Aus der sumpfigen Masse klaubt der Fremde winzige Schnipsel: die bunten Plastikhüllen der Batterien - Abfall des Abfalls, den die Frauen dort hingekippt haben. Das Geschrei der Frauen, die ihm drohen, beeindruckt den Fremden nicht. Er weiß, „Moila", der Müll, ist Gemeingut, an dem sich jeder bedienen darf.

4. Am Montagmorgen, vor Sonnenaufgang, geht Ali Akbar auf die Jagd nach Batterien. „Wir sind Geier", sagt er, „wir leben von Kadavern. Wer fressen will, muss früh da sein." Er läuft durch den Slum, in dem es noch still ist, vorbei an schlafenden Kühen, an Rinnen voller Fäkalien, durch das Labyrinth der Bambusbuden; zum Müllbasar, dem Markt der weggeworfenen Dinge.

5. Nachmittags versammeln sich die Kleinen auf dem Holzpodest, um zu lernen. Ihr Lehrer ist Jewel, Faridas Zweitältester. Die Familie träumt vom Reichtum, den der 20-Jährige bringen soll - sie hat ihn aufs College geschickt, trotz der 5000 Taka, 50 €, Studiengebühren im Jahr. So wacht Jewel jetzt über fünf Geschwister, Cousins und Cousinen, während sie aus ihren Büchern vortragen. Zur Schule gehen die Kinder auch. Aber mit 1800 anderen, im Schichtbetrieb. Nur drei Stunden Unterricht haben sie am Tag: Farida setzt lieber auf ihren Sohn, auf die Kraft der Großfamilie.

GEO, Juli 2007

1.4 Schildern

TIPPS UND INFOS Sprachliche Mittel

Beim **Schildern** geht es darum, eine Situation oder ein Geschehen möglichst **anschaulich** und **lebendig** darzustellen. Der Leser soll ein **umfassendes Bild** von dem geschilderten Ereignis bekommen und so in eine **Situation hineinversetzt** werden, als sei er selber dabei gewesen. Um den Leser auf diese Art und Weise zu erreichen und seine Fantasie entsprechend anzuregen, bedient sich die Schilderung verschiedener **sprachlicher Mittel.** Viele davon hast du schon kennengelernt.

So gehören zum Beispiel **anschauliche Verben und Adjektive, Vergleiche, bildhafte Darstellungen, Aufzählungen, Gefühlsäußerungen und wörtliche Rede** zu den typischen Merkmalen.

1 **Ordne die Ausdrücke (A–K) den Merkmalen (1.–7.) zu.**

A *bitterkalte Nacht* B *frei wie ein Vogel* C *etwas aus den Fingern saugen*

D *ein Ohrwurm* E *vernichtende Gewalt* F *Ich hörte ein Wimmern und Kratzen.*

G *der Regen peitscht* H *mit überschäumender Freude* I *Gefühl von Hilflosigkeit*

J *wie das Donnern einer Explosion* K *rasende Wogen, brechende Wellen, gewaltige Fluten*

1. anschauliche Verben:
2. anschauliche Adjektive:
3. Vergleich:
4. bildhafte Darstellungen:
5. Aufzählung:
6. Gefühlsäußerung:
7. wörtliche Rede:

2 **Die Reportage über die Köhlerkinder von Manila (s. auch S. 23) enthält viele typische Merkmale des Schilderns. Lies den Text, der hier einen weiteren Absatz enthält, nochmals sorgfältig durch.**

Mary-Rose Isolo wohnt mit ihrer Familie in Manila auf den Philippinen am Rande einer riesigen Müllkippe. Wie viele Familien des Armenviertels verdienen die Isolos ihr Geld als Köhler: Sie stellen Holzkohle her. Tagein, tagaus schuften sie inmitten von **beißenden Qualmwolken** und brütender Hitze. Auch Mary-Rose und ihre Schwestern müssen helfen. Mary-Rose Isolo steht inmitten der Rauchwolken und schaufelt Sand. Der **Qualm beißt** in der Lunge. Auf der Haut der 8-Jährigen mischen sich Ruß und Schweiß zu einem schmierigen schwarzen Film; ihre Augen brennen. Das Mädchen kneift sie zu Schlitzen zusammen. Mary-Rose muss durchhalten.

Woche für Woche hat der Alltag von Mary-Rose und ihren Schwestern den immer gleichen Rhythmus: Holz suchen auf der Müllkippe, wo Lastwagen den Abfall der Millionenstadt im Minutentakt abladen. Holz schichten in einer flachen Erdmulde, die als Ofen dient, Holz abdecken mit Blech und Sand, damit die Glut später nicht zu viel Luft bekommt. Nur so entsteht Holzkohle, die die Isolos als Brennmaterial verkaufen können.
Die Menschen **nennen diese Gegend mit viel Galgenhumor „Aroma“,** weil es unweit der riesigen Müllkippe „Smokey Mountain“ („Rauchender Berg“) ständig stinkt. Hier lebt Mary-Rose mit Vater Vergilo, Mutter Kristin und den Schwestern Rosaly und Rachel in einem winzigen **Verschlag aus Holz, Blech und ein paar alten Planen.** Die meisten Menschen in „Aroma“ leben von dem, was andere wegwerfen: Entweder suchen sie nach brauchbarem Müll und verkaufen ihn weiter. Oder sie sammeln Holz und stellen daraus Holzkohle her. Wie die Isolos. Das Geld reicht meistens nur für Reis und Salz.

3 Suche für jedes der im Folgenden genannten Merkmale noch ein weiteres Beispiel aus dem Text heraus. Unterstreiche es und gib die Zeilen an.

1. Darstellen von ausschmückenden Einzelheiten:
   Verschlag aus Holz, Blech und ein paar alten Planen
2. Verwendung von anschaulichen Adjektiven:
   beißenden Qualmwolken
3. Vorstellen einzelner Personen stellvertretend für Personengruppen:
   Mary-Rose Isolo wohnt mit ihrer Familie ...
4. Erwähnen von nebensächlichen Informationen:
   ... nennen diese Gegend mit viel Galgenhumor „Aroma“
5. Verwendung von anschaulichen Verben:
   Qualm beißt

DAS MUSST DU WISSEN | **Merkmale einer Schilderung**

Eine Schilderung kann die folgenden sprachlichen Mittel enthalten:

- **Ausschmückende Einzelheiten und unwichtige Randinformationen**
  Beispiel: *Die Besitzer des Hauses befanden sich auf einer dreiwöchigen Kreuzfahrt.* (aus einer Zeitungsmeldung über einen Hauseinbruch)
- **Anschauliche Adjektive und Verben**
  Beispiel: *Mit ohrenbetäubendem Getöse jagt die Lawine den Berg hinunter.*
- **Aussagen einzelner Personen stellvertretend für Personengruppen**
  Beispiel: *„Besonders die Kinder benötigen unsere Hilfe“, fordert der UNICEF-Mitarbeiter.*
- **Wörtliche Rede**
  Beispiel: *„Wir haben kaum noch sauberes Trinkwasser.“* (aus einer Reportage)

- **Verkürzte, unvollständige Sätze (Ellipsen)**
  Beispiel: *Weit und breit nichts als Wasser, Schlamm, Geröll!*
- **Vergleiche**
  Beispiel: *flink wie ein Wiesel*
- **Sprachbilder (Metaphern)**
  Beispiel: *Eselsohr (für einen Knick an der Ecke einer Buchseite)*
- **Aufzählungen**
  Beispiel: *Regen, Hagel, Schnee und Graupelschauer wechselten sich ab.*
- **Fragen**
  Beispiel: *Wo bleibt hier der Naturschutz?*
- **Vermenschlichungen (Personifikationen)**
  Beispiel: *Der Nebel kriecht über die Straßen.*
- **Meinungs- und Gefühlsäußerungen, Bewertungen**
  Beispiel: *Trotz der Armut schicken sie ihre Kinder zur Schule. Diese Menschen verdienen Respekt.*

4 Der folgende Text über Regenfälle und Überschwemmungen in Bolivien enthält viele sprachliche Mittel, die typisch sind für die Schilderung.

Ordne die sprachlichen Mittel aus dem Kasten oben den folgenden Textbeispielen zu.

Überschwemmung

Wo sind die Straßen, die Wiesen, die Häuser, die Felder? — *Frage,*
Alles überschwemmt, meterhoch! Wochenlang hat der Himmel seine Schleusen über Bolivien geöffnet.
Der Fluss stieg über die Dämme, kroch über die Straßen, brach in die Häuser ein, verschlang Felder und Vieh.
Mit rasender Geschwindigkeit breiten sich Krankheiten in dem feucht-warmen Klima aus. Im schlammig-braunen Wasser treiben Tierkadaver, es wimmelt von Bakterien.
Ein Schluck genügt und man leidet unter Durchfall und Erbrechen.
Hunderttausende Hektar Felder sind verwüstet und 20 000 Rinder ertrunken. Was sollen die Bauern ernten? Wovon sollen die Menschen leben?
„Wir müssen vor allem für sauberes Wasser sorgen! Sauberes Wasser ist lebenswichtig!“, fordert ein UNICEF-Mitarbeiter. „Deshalb stellen wir hier Tanks auf, aus denen jede Familie ihren täglichen Vorrat entnehmen kann.“

GEOlino, Mai 2007

Test

1 Handelt es sich bei der folgenden Aussage um ein Argument? Kreuze an und begründe.

Der Einbau von Airbags in Autos hat sich bewährt, da der ADAC in einer Studie festgestellt hat, dass es seitdem weit weniger tödliche Unfälle gibt.

Argument? ☐ ja ☐ nein

Begründung: ______________________________

2 Schreibe eine Inhaltsangabe zu der folgenden Kurzgeschichte von Hans Peter Richter. Arbeite im Heft.

Taschentücher

Hans Peter Richter

Jutta und Doris schoben sich durch die engen Gänge zwischen Gondeln und Verkaufstischen in das Innere des Kaufhauses; sie drängten und schlängelten sich an den Käufern und Neugierigen vorbei bis zur Treppe. Jutta führte.
„Hier hinauf!“, rief sie Doris zu.
„Nein! Ich möchte lieber auf der Rolltreppe fahren“, widersprach Doris. Sie fasste Jutta beim Arm und versuchte sie hinüber zur Rolltreppe zu ziehen.
„Nicht dort“, sagte Jutta und machte sich los, „hier auf der Treppe können wir sie besser sehen.“
Die beiden stiegen die Treppe hinauf. In halber Höhe blieben sie stehen. Jutta lehnte sich über das Geländer und zeigte abwärts.
„Das ist meine Mutter“, erklärte sie. Eingezwängt zwischen Rolltreppe und Treppe stand ein einzelner Verkaufstisch. Er war vollgepackt mit Taschentüchern aller Art und aller Farben: große Herrentaschentücher, zierliche Damentaschentücher, bunt bedruckte Kindertaschentücher.
Hinter dem Verkaufstisch bediente eine junge Frau; wie alle Verkäuferinnen in diesem Kaufhaus trug sie einen blauen Kittel. Soeben packte sie einer Kundin drei verschiedenfarbige Taschentücher ein, die den Anfangsbuchstaben eines Vornamens eingestickt trugen.
Auf ihrer kleinen Kasse drückte sie den Betrag und schob den Kassenzettel in die Tüte. Nachdem sie das Geld entgegengenommen hatte und die Kundin mit der Ware fortgegangen war, fand sie kurze Zeit Ruhe. Sie streifte den linken Schuh ab, winkelte das Bein an und krümmte die Zehen. Für die Kunden unsichtbar wiederholte sie die Übung mit dem anderen Fuß.
„Warum tut sie das?“, fragte Doris.

„Die Füße tun ihr weh vom langen Stehen“, antwortete Jutta. „Abends, wenn sie heimkommt, macht sie sich immer Fuß-Wechselbäder, einmal heiß, einmal kalt.“

Aufmerksam beobachtete Doris die Verkäuferin, die Juttas Mutter war und die sich dicht unter ihr mit beiden Händen auf den Verkaufstisch stützte.

„Warum gehst du nicht zu ihr?“, erkundigte sie sich bei Jutta.

„Ich darf nicht“, erwiderte Jutta. „Während der Geschäftszeit ist das nicht erlaubt. Am Anfang habe ich mich einmal zu ihr gestellt. Da ist der Abteilungsleiter gekommen und hat mich gesehen. Meine Mutter wurde auf das Personalbüro gerufen und dort ermahnt. Seit dieser Zeit lasse ich das lieber.“

Jutta schob bedauernd die Unterlippe vor und hob entsagungsvoll die Schultern.

„Nur, wenn es mir zu Hause zu langweilig wird und es draußen regnet, dann stelle ich mich manchmal hierher und schaue ihr zu. Sie hat es lieber, wenn sie es nicht weiß. Es macht sie sonst nervös.“

Jutta stützte die Ellenbogen auf das Geländer. „Hier kann ich ihr zuschauen, ohne dass sie es merkt. Hier verstehe ich jedes Wort ... und die Chefs können nicht meckern.“

Eine ältere Frau näherte sich dem Verkaufstisch von Juttas Mutter. Sie zögerte erst eine Weile und betrachtete den Stand misstrauisch aus zwei Schritt Entfernung, ehe sie nahe herantrat.

„Ich suche ein Tuch mit rot-blau-grünem Rand, Fräulein“, erklärte sie wenig freundlich. Gleichzeitig ergriff sie aus einem wohlgeordneten Stapel einfarbiger Taschentücher mehrere heraus und ließ sie achtlos auf die übrigen zurückfallen. Juttas Mutter suchte unter ihrer Ware auf dem Tisch. Dann fand sie ein passendes Tuch und entfaltete es vor der Kundin.

„Hier habe ich etwas mit rot-blau-grünen Streifen.“

Misstrauisch fasste die alte Frau das Taschentuch bei einem Zipfel, befühlte es und las das Preisschild.

„Das ist mir zu teuer“, stellte sie fest und ließ das Tuch unbekümmert auf die anderen fallen. Die Verkäuferin reichte der Kundin ein anderes Tuch hinüber.

„Hier habe ich etwas Preiswerteres in den gleichen Farben, bitte sehr.“

Die Frau befühlte das Tuch. „Aber das taugt doch nichts, Fräulein“, behauptete sie. Auch dieses zweite Tuch warf sie zu denen, die sie vorher herausgezerrt hatte.

„So eine alte Zicke“, murmelte Jutta vor sich hin. Juttas Mutter schluckte sichtbar, dann suchte sie erneut zwischen den Tüchern, die sie vor sich aufgebaut hatte.

„Und wie gefällt Ihnen dieses hier?“, erkundigte sie sich höflich, während sie ein weiteres Tuch vorlegte.

„Sind Sie denn blind, Fräulein“, entgegnete die Kundin heftig, „sehen Sie denn nicht? Die Farben laufen doch verkehrt: Rot-Grün-Blau.“

Unwillig stieß sie das Tuch zurück.

„Ich brauche aber Rot-Blau-Grün.“

Nun begann sie wild und wütend die Stöße von Taschentüchern zu durchwühlen.

Tuch nach Tuch entfaltete sie. Jedes Mal knüllte sie die Tücher wieder zusammen und schleuderte sie beiseite. Jutta berührte Doris mit dem Zeigefinger.
„Schau mal, da ...“, flüsterte sie.
Geduldig begann Juttas Mutter wieder die angehäuften Taschentücher zusammenzufalten.
„Sind Sie hier, um aufzuräumen, Fräulein, oder sind Sie hier, um mich zu bedienen?“, fragte die alte Frau böse.
Das Gesicht von Juttas Mutter rötete sich. Sie schob den Berg Taschentücher mit der Hand zur Seite und begann wieder in ihrem Angebot zu suchen. Als sie das passende Tuch gefunden hatte, bot sie es der Kundin mit gezwungener Höflichkeit an:
„Schauen Sie bitte hier, eine besondere Gelegenheit ... ein erstklassiges Tuch, und in der Farbzusammenstellung, die Sie suchten.“
„Das ist aber doch ein Herrentuch“, brauste die Frau auf. „Es sollte ein Damentuch sein.“
„Verzeihen Sie bitte“, entschuldigte sich Juttas Mutter, „doch davon haben Sie bisher nichts gesagt.“
„Was fällt Ihnen denn ein!“, schimpfte die Kundin los, „wollen Sie eine alte Frau belehren? Nennen Sie das Kundendienst?“
Herausfordernd schaute sie sich um. Als sie sah, dass andere Kunden auf sie aufmerksam wurden, die jetzt neugierig in der Nähe des Verkaufstisches stehen blieben, wurde sie noch lauter:
„So wird man also hier bedient! Ich werde mich über Sie beschweren.“
Der Lärm lockte den Abteilungsleiter herbei. Er ging auf die alte Frau zu. Mit einer Verbeugung erkundigte er sich: „Kann ich Ihnen behilflich sein, gnädige Frau?“
Wütend schleuderte die Frau das Taschentuch, das sie noch in der Hand hielt, hin.
„Es ist unglaublich, was man sich von diesen Verkäuferinnen bieten lassen muss“, beklagte sie sich erregt. „Diese jungen Dinger nehmen keinerlei Rücksicht auf das Alter! Eine Unverschämtheit!“
„Aber beruhigen Sie sich doch bitte, gnädige Frau“, versuchte der Abteilungsleiter ihren Redeschwall zu unterbrechen. „Wir werden der Angelegenheit selbstverständlich sofort nachgehen. Darf ich Sie eben in mein Büro bitten? Ich nehme dort Ihre Beschwerde schriftlich auf.“
Während er das sagte, warf er Juttas Mutter strafende Blicke zu.
„Ich denke nicht daran!“ Die Stimme der Kundin wurde schrill. „Wenn Sie Ihre Verkäuferinnen nicht besser ausbilden, gehe ich eben woandershin!“
Sie drehte sich um und rauschte davon. Der Abteilungsleiter dienerte hinter ihr her.
„Ich bitte Sie im Namen unseres Hauses um Entschuldigung. Verzeihen Sie! Es tut mir außerordentlich leid.“

Weil die Kundin ihn nicht mehr hören konnte, wandte er sich verärgert an Juttas Mutter. Mit hochrotem Kopf stand sie hinter ihrem Verkaufsstand. In der Faust hielt sie ein zerknülltes Taschentuch mit rot-blau-grünem Rand. Sie schien dem Weinen nahe. „Sie sehen wohl Ihre Aufgabe hier hauptsächlich darin, unsere Kunden zu vertreiben", sagte der Abteilungsleiter höhnisch zu ihr.
Da stieß Jutta ihre Freundin an. Die beiden Mädchen rannten die Stufen hinab und stürzten sich in den Kreis der Neugierigen, die sich um den Verkaufstisch von Juttas Mutter drängelten. Verzweifelt kämpften sie sich durch die Leute hindurch, bis sie beim Tisch angekommen waren. Ohne den Abteilungsleiter zu beachten, lief Jutta um den Tisch herum und stellte sich neben ihre Mutter. Sie fasste Mutters Hand und drückte sie fest. Erschrocken blickte die Mutter auf das Kind. Der Abteilungsleiter war einen Augenblick sprachlos. Eben wollte er wütend zu reden beginnen. ... Da sagte Jutta, so deutlich, dass es alle Umstehenden hören konnten: „Wir haben es genau gesehen. Die Alte hat mindestens drei Taschentücher eingesteckt ...!"

3 Formuliere die Schilderungen in sachliche Sätze um.

Arbeite im Heft.

Wo sind die Straßen, die Wiesen, die Häuser, die Felder? Alles überschwemmt, meterhoch! Wochenlang hat der Himmel seine Schleusen über Bolivien geöffnet.

Der Fluss stieg über die Dämme, kroch über die Straßen, brach in die Häuser ein, verschlang Felder und Vieh.

Mit rasender Geschwindigkeit breiten sich Krankheiten in dem feucht-warmen Klima aus. Im schlammig-braunen Wasser treiben Tierkadaver, es wimmelt von Bakterien. Ein Schluck genügt und man leidet unter Durchfall und Erbrechen.

Hunderttausende Hektar Felder sind verwüstet und 20 000 Rinder ertrunken.
Was sollen die Bauern ernten? Wovon sollen die Menschen leben?

„Wir müssen vor allem für sauberes Wasser sorgen! Sauberes Wasser ist lebenswichtig!", fordert ein UNICEF-Mitarbeiter. „Deshalb stellen wir hier Tanks auf, aus denen jede Familie ihren täglichen Vorrat entnehmen kann."

2 Texte lesen und verstehen

Das musst du am Ende der Klasse 8 können:

- ▷ Die wichtigsten Zeitungstextarten kennen
- ▷ Einen Sachtext sinnerfassend lesen und in eigenen Worten wiedergeben
- ▷ Grafisch dargestellte Informationen lesen und auswerten
- ▷ Einen Sachtext in eine grafische Darstellung (Diagramm) umwandeln
- ▷ Die Merkmale von kurzen erzählenden Texten erkennen und beschreiben

2.1 Zeitung

TIPPS UND INFOS Journalistische Textformen

Zeitungen wenden sich immer an einen bestimmten **Leserkreis (Adressaten).** Sie stimmen ihre **Themen**, ihre **Sparten/Ressorts**, den **Sprachstil**, die **Bildauswahl** und die äußere Gestaltung auf ihre vermeintlichen Leser ab.
Jede Zeitung bietet eine Fülle von unterschiedlichen Texten. Die Zeitungstexte, die lediglich sachliche Informationen vermitteln, nennt man **informierende Texte.**
Die anderen Texte, die auch Meinungen, Bewertungen und Stellungnahmen enthalten, werden **meinungsäußernde Texte** genannt.
Hier ist ein Überblick über die wichtigsten **Textarten** einer Zeitung:

Nachricht

- ▶ Kurze, sachliche und natürlich wahrheitsgemäße Darstellung eines Ereignisses
- ▶ Beantwortet knapp die W-Fragen
- ▶ Nennt die Quelle
- ▶ Enthält keine Wertungen und Meinungen des Verfassers
- ▶ Wird im Präteritum verfasst

(Kurz-)Meldung

- ▶ Knappe und sachliche Information zu einem Ereignis
- ▶ Beantwortet nur die wichtigsten W-Fragen
- ▶ Liefert keine Hintergründe
- ▶ Wird im Präteritum verfasst

Bericht

- ▶ Sachliche, wahrheitsgemäße und genaue Darstellung eines Ereignisses
- ▶ Vermittelt objektive Einzelinformationen und auch Hintergrundfragen
- ▶ Enthält wie die Nachricht keine Wertungen und Meinungen des Verfassers
- ▶ Wird in der Regel (s. S. 22) im Präteritum verfasst

Interview

- Schriftliche Wiedergabe eines Gespräches
- Fragen und Antworten wechseln, die Antworten stehen jedoch im Vordergrund
- Wortgetreue, aber nicht immer wörtliche Übernahme des Gesagten (Füllwörter, umgangssprachliche Ausdrücke und Versprecher werden von der Redaktion überarbeitet)

Reportage

- Anschaulicher Bericht über ein Ereignis, einen Sachverhalt oder einen Vorgang
- Enthält einen Einstieg oder Aufhänger (auch Überschrift), der neugierig macht
- Springt meist direkt ins Geschehen hinein
- Erhebt keinen Anspruch auf Objektivität (sachliche Informationen vermischen sich mit persönlichen Stellungnahmen, Augenzeugenberichten, Kommentaren usw.)
- Zeigt Betroffenheit, Mitgefühl, Trauer und Freude der Betroffenen und der Journalisten
- Anschauliche Wortwahl (Substantive, Verben, Adjektive)
- Enthält Fotos, die das Geschehen veranschaulichen
- Wird in keiner festen Zeitform verfasst

Kommentar

- Gibt die Meinung eines Journalisten oder Redakteurs zu einem Ereignis wieder
- Begründet die dargestellte Meinung und zieht Schlussfolgerungen
- Beinhaltet einen Appell, d. h. bewertet einen Sachverhalt und möchte die Leser für eine Meinung einnehmen

Rezension/Kritik

- Kritische Besprechung eines Buches, Films, Konzerts, Theaterstücks etc.
- Bewertet vor sachlichem Hintergrund

Glosse

- Kurzer Kommentar zu einem meist aktuellen Thema in witziger Form
- Bewertungen und persönliche Stellungnahmen
- Oft ironisch oder polemisch

Karikatur

- (Zeichnerische) Darstellung von Personen oder Ereignissen in übersteigerter Form
- Witzig, ironisch, kritisch

Leserbrief

- Stellungnahme eines Lesers zu einem Ereignis, einem Sachverhalt oder einem Zeitungsartikel
- Kann von der Redaktion gekürzt sein

Sicher kennst du diese Situation aus dem Unterricht: „Arbeitet bitte die beiden Texte zum Thema ‚Klimawandel' so durch, dass ihr morgen vor der Klasse darüber berichten könnt." Oder auch: „Schaut euch das Schaubild auf S. 71 an und fasst die wichtigsten Aussagen zusammen."
Solche oder ähnliche Aufgaben kommen häufig in der Schule auf dich zu und es ist wichtig zu wissen, wie man an eine solche Aufgabe herangeht. Wie filtere ich aus einem Sachtext die wichtigen Informationen heraus und wie kann ich Schaubilder und Diagramme auswerten? Das folgende Kapitel soll dir helfen, solche Aufgaben in Zukunft leichter zu bewältigen.

1 Lies den Kasten auf S. 34/35 und ordne dann die verschiedenen Textarten in die richtige Spalte der Tabelle ein.

Nachricht *Kommentar* *Bericht* *Rezension/Kritik*
Interview *Glosse* *Reportage* *Leserbrief*

Informierende Texte	Meinungsäußernde Texte

2 **Der folgende Text ist ein Zeitungsartikel.**

▷ Lies den Zeitungsartikel zunächst gründlich durch.
▷ Beantworte dann die W-Fragen und entscheide, um welche Textart es sich handelt. Schreibe in dein Heft.

Großeinsatz nach schweren Gewittern
Schlammmassen in Hohehaus und Papenhöfen

Marienmünster (kö). Mit wolkenbruchartigen Regenfällen tobten sich gestern am Nachmittag Gewitter über dem Kreis Höxter aus. Kerngebiet war dabei die Stadt Marienmünster und hier wiederum besonders die Ortsteile Hohehaus und Papenhöfen.
Innerhalb weniger Minuten schwoll das in Hohehaus „die Bache“ genannte kleine Fließgewässer [...] zu einem reißenden Fluss an. Vor einem [...] Betonrohr staute sich die Flut und spülte tonnenweise Schlamm und Geröll auf die Straßen und in die Häuser.
Ein vor einem Haus geparktes Auto stand unter Wasser und musste mit einem Abschleppseil geborgen werden.
Bemerkenswert für die kleine Marienmünsteraner Ortschaft ist jedoch der Zusammenhalt der Bevölkerung. Schon wenige Minuten nach der Sintflut waren [...] Feuerwehr, [...] Mitarbeiter des Bauhofes der Stadt Marienmünster und eine beachtliche Anzahl freiwilliger Helfer [...] dabei, die Straßen zu räumen, die Keller auszupumpen, und den Schlamm zu beseitigen. „Hier wird nicht gemeckert und gejammert, hier wird angepackt und geholfen“, kommentierte Bauhofmitarbeiter Günter Schmereim den Einsatz [...].
In Hohehaus mussten sechs Keller und in Papenhöfen zwei Keller ausgepumpt werden. [...] Bis zum Abend waren die Feuerwehrleute damit beschäftigt, die Straßen vom Schlamm zu befreien- etwa an der Kreisstraße zwischen Löwendorf und Hohehaus.
Auf einigen Feldern schwemmten die Wassermassen sogar frische Einsaat in Gräben und Bäche. Im Einsatz gegen die Wasser- und Schlammmassen waren die Löschgruppen aus Altenbergen, Löwendorf, Papenhöfen und Vörden. Andere Gebiete des Kreises Höxter waren von diesen Unwettern praktisch nicht betroffen. Am Abend beruhigte sich die Situation zusehends und die Sonne kam wieder zum Vorschein.

Josef Köhne, Neue Westfälische, 14. Mai 2008

Wer? *Was?* *Textart?*

Wo? *Wie?*

Wann? *Mit welchen Folgen?*

Dieser Bericht hätte auch als Nachricht in der Zeitung stehen können.

▷ Entscheide, welche der Informationen, die du durch die W-Fragen ermittelt hast, für eine Nachricht wichtig sind und markiere sie.

▷ Welche Informationen haben hingegen nur die Funktion von zusätzlichen Hintergrundinformationen?

3 Formuliere den Bericht von S. 37 zu einer kurzen Nachricht um. Arbeite im Heft.

BEISPIEL

So kannst du beginnen: *Schwere Unwetter im Kreis Kleve ...*

4 Der Praktikant einer großen Tageszeitung hat seinen ersten Bericht verfasst. Der Redakteur ist jedoch noch nicht ganz damit einverstanden.

▷ Lies den Artikel gründlich durch.

▷ Unterstreiche alle Textstellen, die nicht in einen Bericht gehören.

▷ Überarbeite den Bericht. Schreibe den verbesserten Text in dein Heft.

Stein von der Brücke auf Auto geworfen

Glück im Unglück hatte eine 35-jährige Autofahrerin aus Nordrhein-Westfalen. Gott sei Dank blieb die Frau unverletzt, als ihr Fahrzeug in der Nacht zum Donnerstag von einem Stein getroffen wurde. Ein bisher unbekannter Rowdy hatte den fast ein Kilogramm schweren Stein von einer Brücke auf die Autobahn 57 fallen lassen. Wahrscheinlich war es ein Jugendlicher, der im betrunkenen Zustand von einer Diskothek kam. Der Stein traf den Wagen auf der Beifahrerseite und landete mit einem Riesengetöse auf dem Autositz. Die Windschutzscheibe zersplitterte in tausend Scherben und die Fahrerin konnte unter Aufwendung ihrer letzten Kräfte den Wagen auf dem Seitenstreifen zum Stehen bringen und per Handy die Polizei benachrichtigen. „Es machte einen Höllenlärm, wie bei einer Explosion“, so die Fahrerin. Beim Eintreffen der Beamten stand sie noch unter Schock. Sie wurde ins Krankenhaus eingeliefert, konnte jedoch bereits am nächsten Morgen schon wieder relativ fit entlassen werden. „Welch ein Glück, dass ich alleine unterwegs war“, berichtete die 35-Jährige, „weiß der Himmel, welche Verletzungen ein Beifahrer davongetragen hätte.“ Von dem Übeltäter fehlt jedoch noch jede Spur. Die Fahndung der Polizei, die durch einen Hubschraubereinsatz unterstützt wurde, blieb bisher erfolglos. Hinweise zur Tat nimmt jede örtliche Polizeidienststelle entgegen. Wer also in dieser Nacht verdächtige Beobachtungen gemacht hat, sollte diese schleunigst der Polizei mitteilen. Solche Menschen sind nämlich gemeingefährlich und gehören schnellstmöglich hinter Gitter.

5 **Verfasse selbst einen Zeitungsbericht und verwende dabei die folgenden Angaben. Fehlende Informationen kannst du sinngemäß ergänzen.**

Arbeite im Heft.

Wer?	Polizei Höxter, 56-jähriger Autofahrer, Rehbock
Wann?	Donnerstagmorgen gegen 5.00 Uhr, 29.5.2012
Wo?	Ostwestfalenstraße Richtung Nieheim
Was?	Wildunfall
Wie?	Rehbock lief vor Wagen, wurde in Graben geschleudert; Pkw-Fahrer meldete Unfall erst um 16.00 Uhr
Mit welchen Folgen?	Rehbock wurde noch lebend, aber schwer verletzt im Graben an Unfallstelle gefunden, musste durch Schuss aus Dienstpistole von Schmerzen erlöst werden, Anzeige wegen Fahrerflucht

6 **Der folgende Zeitungsartikel ist eine Reportage.**

▷ Lies den Artikel zunächst aufmerksam durch.

Pippi braucht nicht zur Schule

Susan Rostam und Sarah Fromme begeistern als frecher Rotschopf auf der Freilichtbühne Bökendorf

In der Schule sind sie höflich und aufmerksam, machen immer ihre Hausaufgaben, tragen ordentliche Kleidung und unauffällige Frisuren. Geschrei und Streiche spielen – das ist ihnen fremd. In ihrer Rolle als Pippi Langstrumpf erkennt man sie kaum wieder: bunte Klamotten, freche rote Zöpfe, ein loses Mundwerk, und jede Minute wird ein neues Schelmenstück ausgeheckt. Sarah Fromme (12) und Susan Rostam (14) spielen nicht nur Astrid Lindgrens Romanfigur – die beiden Pennälerinnen aus Bad Driburg sind Pippi leibhaftig, wenn sie die Kulisse der Freilichtbühne in Bökendorf (Kreis Höxter) für das Kinderstück „Pippi in Taka-Tuka-Land" betreten. Von der Schulbank auf die Bretter, die die Welt bedeuten: Wie bekommt ein junges Mädchen eine Hauptrolle an einer der erfolgreichsten Freilichtbühnen Deutschlands? In Bökendorf wird von den Kinder-Schauspielern eine Menge verlangt. „Wir haben ein hohes Niveau aufgebaut", sagt Regisseur Patrick Poßner. „Für eine Hauptrolle muss man schon gut sein", sagt er und schaut zu Sarah und Susan herüber, die seit einigen Jahren Erfahrungen in den jeweiligen Kinderstücken wie „Simba" oder „Emil und die Detektive" gesammelt haben. Lampenfieber? Das kennen die Pippi-Darstellerinnen, die sich in der Hauptrolle abwechseln, nicht. Textprobleme? „Nach ein paar Mal Blättern im Textbuch saß die Rolle", erzählt die zwölfjährige Sarah. „Wir lernen das viel besser beim Spielen und Sprechen", ergänzt Susan, die wie Sarah das Gymnasium St. Xaver in Bad Driburg besucht. Die Eltern müssen die jungen Schauspieler zwar immer zu den vielen Proben und später zu den fast zwei Dutzend Aufführungen kutschieren, „aber die meisten haben richtig Spaß daran, dass ihr Nachwuchs ein sinnvolles Hobby hat", meint Susan, deren Gesichtsausdruck irgendwie ein bisschen an Inger Nilsson, die berühmte Pippi-Darstellerin in den Filmen erinnert. Dass sie die Pippi-Rolle das ganze Jahr überallhin begleitet, das stört die Langstrumpf-Kopien wenig: „Nur ganz zu Beginn wurde in der Schule auch mal gelästert", berichtet Sarah Fromme. Seit Januar hat das Ensemble für „Pippi im Taka-Tuka-Land" geprobt: erst einmal die Woche, dann zweimal und je nach Bedarf auch mehrmals. „Wir Regisseure sind streng. Die jungen Leute müssen viel leiden", scherzt Patrick Poßner und fügt ernsthaft an, dass er klare Vorstellungen von der Schauspielarbeit habe und ohne Textsicherheit, Pünktlichkeit und Einsatz nichts laufe. Dabei dürfe man aber auch nicht vergessen, dass es sich wie bei Sarah und Susan um Amateure, um Schülerinnen, handele, „die das insgesamt alles ganz toll machen".

Spannend zu beobachten sei auch, wie Sarah als zwölfjährige Pippi kindlich-naiv und unbefangen-quirlig im positiven Sinne darstelle, während die zwei Jahre ältere Susan die Pippi, in der beide ein unerreichtes Vorbild sehen („Die muss ja nie zur Schule"), eher jugendlich-frech und schon etwas weniger als „Springinsfeld" interpretiere. „Und das ist doch gut so", lacht Patrick Poßner, der Grundschullehrer ist und mit

Koregisseur Carsten Meier sehr viel Freizeit in die Theaterarbeit steckt. Apropos Freizeit, die schrumpft in der Spielzeit, die jetzt nach der Sommerpause noch einige weitere Wochen läuft, für Sarah und Susan arg zusammen. Sarah Fromme, die noch zwei Geschwister hat, nennt als Hobbys Klavier- und Geigespielen, Leichtathletik, Lesen, Jazzdance und Babysitten; doch dies sei wohl eher etwas für die Zeit nach der Saison. Susan Rostam, die auch Geige spielt und gerne singt, im Sommer im Godelheimer Freizeitsee badet und drei Geschwister hat, kann sich übrigens wie Sarah vorstellen, die Schauspielerei später nach dem

Abitur am Missionshaus als Beruf zu wählen. Für beide sind die Bühne, das Publikum und der Applaus ein toller Lohn für ihre harte Probenarbeit. Die Freilichtbühne Bökendorf ist das zweite Zuhause der Driburgerinnen, auch weil die Eltern der beiden in Brakel-Bökendorf, wo übrigens die Brüder Grimm im Schloss ihre weltberühmten Märchen aufgeschrieben haben, im Ensemble engagiert sind. Sarah, großer Fan von Sarah Connor und Kelly Clarkson, hat das mit dem Schauspielern schon ganz gut raus: Den Fototermin in der Garderobe und Villa-Kunterbunt-Kulisse absolviert sie mit einem Lächeln wie ein Profi; Susan steht ihr da in nichts nach. Lockerflockig, gut gelaunt, voller Energie und mit einem Schuss Witz weiß der Fotograf nach einer Weile nicht mehr, ob er Pippi oder die Kopien Susan/Sarah vor sich hat. So schnell gehen Rollen auch in Fleisch und Blut über. „Im Fernsehen waren wir auch schon“, erzählen die Pippis von Bökendorf stolz. Das Stück „Pippi im Taka-Tuka-Land“ wird seit Mai vor ausverkauftem Haus gespielt. Es ist ein Publikumsrenner. Die Jungschauspieler müssen den 700 Zuschauern oft Autogramme geben. Bunte Kostüme, eine witzige Kulisse, 70 Kinder, die kleine Rollen - vom Äffchen bis zum Papp-Hai - übernehmen. „Unsere Schauspielschar ist eine große Familie“, sagen Sarah und Susan. Und worum geht es im Stück? Pippi Langstrumpf ist das stärkste Mädchen der Welt! Ihre Mutter ist schon tot und ihr Vater lebt als König von Taka-Tuka-Land weit weg auf einer Südseeinsel. Doch einsam fühlt sich der quirlige Rotschopf in der Villa Kunterbunt nicht. Dafür sorgen ihre Freunde Thomas und Annika sowie ihr Äffchen und ihr Pferd. Eines Tages erscheint Kapitän Langstrumpf in der Villa Kunterbunt, um seine Tochter Prinzessin Pippilotta mit auf die Taka-Tuka-Insel zu nehmen. Mit der Hoppetosse machen sie sich auf nach Taka-Tuka-Land.

Artikel: Michael Robrecht/WESTFALEN-BLATT, 2006

▷ Entscheide, welche der Aussagen zutreffen.
▷ Streiche falsche Aussagen durch.

1. Susan und Sarah brauchen während der Probenzeiten nicht zur Schule.
2. Seit Januar probt das Ensemble regelmäßig dreimal in der Woche.
3. Die Texte lernen die beiden Hauptdarstellerinnen am besten beim Spielen.
4. 70 Familien spielen bei der Inszenierung mit.
5. Die Eltern sind froh, dass ihre Kinder ein sinnvolles Hobby haben.
6. Bis Mai spielte das Ensemble vor ausverkauftem Haus.
7. Für weitere Hobbys bleibt den Schauspielern keine Zeit.
8. Ohne Textsicherheit, Pünktlichkeit und Einsatz laufe auf der Bühne nichts, meint der Regisseur.
9. In der Schule gelten Susan und Sarah als höflich, aufmerksam und ordentlich.
10. Die beiden Gymnasiastinnen gehen in Bökendorf zur Schule.

DAS MUSST DU WISSEN Merkmale einer Reportage

Eine Reportage will auf **unterhaltsame Art und Weise informieren.** Daher unterscheidet sie sich in Aufbau und Sprache grundsätzlich von einem Bericht.
In dem Artikel „Pippi braucht nicht zur Schule“ finden sich zahlreiche **Merkmale**, die typisch für eine Reportage sind.

7 **Ordne die Merkmale der Reportage den entsprechenden Zitaten auf S. 43 zu.**

Schreibe hinter jede Nummer – wie bei 1 vorgegeben – den richtigen Buchstaben.

1 - *f* 2 - 3 - 4 -

5 - 6 - 7 - 8 -

Zitate aus der Reportage „Pippi …“		Merkmale der Reportage	
1	Pippi braucht nicht zur Schule	a	Direkter Sprung ins Geschehen
2	„Im Fernsehen waren wir auch schon“, erzählen die Pippis von Bökendorf stolz.	b	Anschauliche Sprache (hier: Redewendung und Vergleich)
3	In der Schule sind sie höflich, aufmerksam, machen immer ihre Hausaufgaben, tragen ordentliche Kleidung und unauffällige Frisuren.	c	Wörtliche Rede und Beschreibung von subjektiven Gefühlen/ Stimmungen
4	Den Fototermin in der Garderobe und Villa-Kunterbunt-Kulisse absolviert sie mit einem Lächeln wie ein Profi.	d	Gefühlseinbindung des Lesers in das Geschehen/wörtliche Rede
5	„Wir haben ein hohes Niveau aufgebaut“, sagt Regisseur P. P.	e	Wörtliche Rede
6	„Wir Regisseure sind streng. Die jungen Leute müssen viel leiden“, scherzt P. P. und fügt ernsthaft an, dass er klare Vorstellungen von der Schauspielerei habe und ohne Textsicherheit, Pünktlichkeit und Einsatz nichts laufe.	f	Aufhänger, der neugierig macht (hier: Schlagzeile)
7	Publikumsrenner, frecher Rotschopf, Langstrumpf-Kopien, locker-flockig, gut gelaunt, voller Energie und mit einem Schuss Witz …	g	Vermischung von objektiven Informationen mit persönlichen Stellungnahmen und Wertungen (wörtliche Rede)
8	So schnell gehen Rollen auch in Fleisch und Blut über.	h	Anschauliche Sprache (hier: Substantive, Adjektive)
9	Dass sie die Pippi-Rolle das ganze Jahr überallhin begleitet, das stört die Langstrumpf-Kopien wenig: „Nur ganz zu Beginn wurde in der Schule auch mal gelästert“, berichtet S. F.	i	Persönliche Wertung und Stellungnahme des Journalisten durch Vergleich

8 **Suche zu jedem Aspekt ein weiteres Beispiel aus dem Text der Reportage auf S. 39–41. Notiere hier Stichwort und Zeilenangabe.**

1. Anschauliche Sprache:
2. Wörtliche Rede und Beschreibung von subjektiven Gefühlen/Stimmungen:
3. Gefühlseinbindung des Lesers in das Geschehen:
4. Wörtliche Rede:
5. Vermischung von objektiven Informationen mit persönlichen Stellungnahmen und Wertungen:
6. Persönliche Wertung und Stellungnahme des Journalisten:

9 **Formuliere die Reportage über Pippi Langstrumpf in einen Bericht um.**

▷ Beantworte zunächst die W-Fragen. Schreibe in dein Heft.

Wer? *Wie?*
Wo? *Warum?*
Wann? *Welche Umstände/Folgen?*
Was?

▷ Entscheide, welche weiteren Hintergrundinformationen dir für deinen Bericht wichtig erscheinen.
▷ Lege fest, für welche Leser dein Bericht interessant sein könnte.
▷ Überlege dir eine passende Schlagzeile, mit der du deine Leser neugierig machst.
▷ Schreibe deinen Bericht. Arbeite im Heft.

BEISPIEL

So kannst du beginnen:
Bökendorf: Schon in Kürze fällt der Startschuss zur Theatersaison auf der Freilichtbühne Bökendorf. Die Proben für das Kinderstück ...

2.2 Umgang mit Sachtexten (kontinuierliche und diskontinuierliche Texte)

TIPPS UND INFOS | **Schrittweise lesen**

Sachtexte sind Texte, die in einer knappen, sachlichen Weise über einen bestimmten Sachverhalt **informieren**. Um einen Sachtext richtig verstehen und entscheiden zu können, welche Informationen wichtig und welche weniger wichtig sind, sollte man schrittweise lesen:

1. Zunächst **überfliegst** du den Text.
2. Beim zweiten Lesen **markierst** du dir **schwierige Wörter und Formulierungen,** die du nicht verstehst.
3. Nun versuchst du diese **Begriffe** und Formulierungen zu **klären**. Hier kannst du im **Wörterbuch** oder **Lexikon** nachschlagen, jemanden fragen oder auch versuchen, das „Problemwort“ aus dem Satzzusammenhang heraus zu erklären.
4. Gerade bei längeren Texten solltest du dann den Text in **Sinnabschnitte** gliedern, für die einzelnen Abschnitte **Zwischenüberschriften** finden und dir **Randnotizen** machen.
5. Danach geht es darum, das Wichtige in dem Text zu erfassen. Du kannst dazu die wichtigen Informationen **unterstreichen** und/oder sie **herausschreiben**.
6. Zum Schluss **fasst** du den Text **zusammen**. Dabei musst du darauf achten, wirklich **nur die wichtigen** Informationen auszuwählen, den Text zu **kürzen** und vor allen Dingen umzuformulieren, d. h. **in deinen eigenen Worten** wiederzugeben.

1 **Überprüfe dein erstes Textverständnis.**

▷ Lies zunächst den folgenden Sachtext.

Auch Landschaftsgärtner/-innen können Karriere machen

Der Beruf des Landschaftsgärtners/der Landschaftsgärtnerin bietet motivierten und engagierten jungen Menschen eine ganze Fülle von Aufstiegsmöglichkeiten und Zukunftsperspektiven. Er gehört zu den abwechslungsreichsten und interessantesten Berufen für natur- und technikbegeisterte Jugendliche.
Die Grundvoraussetzungen für diesen Beruf sind unterschiedlich. Mit einem Haupt- oder Realschulabschluss dauert die Ausbildung zum Landschaftsgärtner drei Jahre,

für Abiturienten verkürzt sie sich gegebenenfalls auf zwei Jahre. In diesem Zeitraum wird den Auszubildenden eine Fülle von Wissen und Können vermittelt. Dabei liegt das Hauptaugenmerk natürlich auf der Ausbildung im Betrieb und dem Besuch der Berufsschule, aber auch eine mindestens sechswöchige überbetriebliche Ausbildung ist Teil des Systems.

Zum Arbeitsfeld eines Landschaftsgärtners gehören Vermessungsarbeiten, das Lesen und Umsetzen von Plänen, der Bau von Treppen, Wegen und Mauern, das Anlegen von Teichanlagen, aber auch die Dach- und Fassadenbegrünung. Auch Tennisplätze und Golfanlagen werden von Landschaftsbaubetrieben errichtet.

Wer denkt, dass das einzige Material, mit dem es der Landschaftsgärtner zu tun hat, Stauden und Gehölze sind, der hat sich gründlich geirrt. Zu diesem Berufsbild gehört vielmehr auch die Verarbeitung der unterschiedlichsten Materialien wie Natursteine, Beton, Kunststoff und Holz. Natürlich dürfen aber auch nicht die Pflanzen vergessen werden, über deren Verwendung und Pflege sich ein angehender Landschaftsgärtner ein fundiertes Wissen aneignen muss. Wer sich für diesen Beruf interessiert, sollte zum einen umfassend an der Natur interessiert sein, zum anderen aber auch handwerkliches Geschick und eine schnelle Auffassungsgabe besitzen.

Im Anschluss an die Lehre bestehen mehrere Möglichkeiten. So kann man sich zum Beispiel durch betriebsinterne Weiterqualifizierung, durch die Praxis und vielfältig angebotene Spezialseminare in dem Beruf weiterentwickeln und damit auch die Bezahlung noch verbessern.

Ist man nach der Ausbildung zwei Jahre im Beruf und besucht dazu noch ein Jahr lang eine entsprechende Schule, dann hat man nach einer Prüfung den Meistertitel in der Tasche. Oder wie wäre es mit dem Titel des Technikers? Diesen erlangt man nach einjähriger Berufserfahrung, zwei Jahren Schulbesuch und einer bestandenen Prüfung.

Doch auch hier muss noch nicht Schluss sein auf der Karriereleiter. Nach der Technikerprüfung kann man sich an einer Hochschule zum Bachelor und später Master (Studienabschlüsse) weiterbilden lassen.

Ausgebildeten Landschaftsgärtnern/Landschaftsgärtnerinnen, die keine Laufbahn an der Universität einschlagen wollen und lieber im praktischen Bereich bleiben möchten, steht mit ein bisschen Mut der Weg in die Selbstständigkeit offen. Sie können nach der Meisterprüfung ihren eigenen Betrieb eröffnen und so ihr eigener Herr werden.

Gleichgültig, für welchen Weg man sich entscheidet – in diesem interessanten und vielseitigen Beruf kann man überall glücklich werden, denn Fachkräfte im Garten- und Landschaftsbau werden, so belegen es einschlägige Studien, heute und auch in der Zukunft gesucht.

▷ Prüfe nun, wie viel du schon verstanden hast.
Lies dazu die folgenden Aussagen und kreuze die jeweils richtige an.

1. ☐ Landschaftsgärtner kann man nur mit Abitur werden.
   ☐ Auch Haupt- und Realschüler können Landschaftsgärtner werden.
   ☐ Für Haupt- und Realschüler ist die Ausbildungszeit um ein Jahr verkürzt.

2. ☐ Landschaftsgärtner haben es fast ausschließlich mit Pflanzen zu tun.
   ☐ Pflanzen spielen in dem Beruf des Landschaftsgärtners kaum eine Rolle.
   ☐ Landschaftsgärtner müssen neben Pflanzen auch mit vielen anderen Materialien arbeiten können.

3. ☐ Landschaftsgärtner brauchen handwerkliches Geschick und Interesse an der Natur.
   ☐ Jeder kann Landschaftsgärtner werden.
   ☐ Für den Beruf des Landschaftsgärtners benötigt man vor allem Einfühlungsvermögen und gute Nerven.

4. ☐ Sofort nach der Ausbildung kann man Meister oder Techniker werden.
   ☐ Für den Aufstieg zum Meister oder Techniker muss man bestimmte Voraussetzungen erfüllen.
   ☐ Meister oder Techniker kann nur der werden, der die Ausbildung mit „Eins“ abgeschlossen hat.

5. ☐ Vor einem Studium an einer Hochschule muss man die Technikerprüfung abgelegt haben.
   ☐ Um an der Hochschule studieren zu können, muss man Meister sein.
   ☐ Erst nachdem man an der Universität war, kann man an der Fachhochschule studieren.

6. ☐ Wer nicht intelligent genug für ein Studium ist, der kann sich selbstständig machen.
   ☐ Einen eigenen Betrieb kann man auch ohne Meistertitel eröffnen.
   ☐ Die Selbstständigkeit bietet sich für diejenigen an, die lieber weiter hauptsächlich im praktischen Bereich arbeiten wollen.

2 Verbessere dein Textverständnis mit Zwischenüberschriften.

- ▷ Lies den Sachtext auf S. 45/46 nochmals aufmerksam durch.
- ▷ Der Text lässt sich in Abschnitte mit Zwischenüberschriften gliedern.
- ▷ Bringe die Überschriften in die richtige Reihenfolge und ergänze die fehlenden Zeilenangaben in der Tabelle.

Tipp: Du kannst die Abschnitte im Text markieren.

Verschiedene Möglichkeiten nach dem Abschluss der Ausbildung

Landschaftsgärtner – ein Beruf für natur- und technikbegeisterte Jugendliche

Die schulischen Voraussetzungen für den Beruf des Landschaftsgärtners

Studium oder Selbstständigkeit?

Landschaftsgärtner – ein Beruf mit Zukunft

Die persönlichen Voraussetzungen für den Beruf

Die Aufgaben eines Landschaftsgärtners

Zeile	Zwischenüberschrift
1–4	*Landschaftsgärtner – ein Beruf für natur- und technikbegeisterte Jugendliche*
5–11	

3 Erfasse nun den Inhalt des Sachtextes genau.

- ▷ Verfolge den Weg der Karrieremöglichkeiten eines Landschaftsgärtners.
- ▷ Markiere oder unterstreiche die wichtigsten Informationen in den einzelnen Textabschnitten.
- ▷ Trage die Informationen dann auf S. 49 ein.

1. Die Ausbildung:

2. Verschiedene Möglichkeiten nach Abschluss der Ausbildung:

3. Studium:

4. Selbstständigkeit:

DAS MUSST DU WISSEN Grafiken auswerten

Oft werden Informationen nicht in einem Text, sondern in **Grafiken** (Schaubildern, Diagrammen, Tabellen etc.) dargestellt. Diese Vorgehensweise kennst du zum Beispiel aus Fächern wie Erdkunde, Biologie oder Geschichte.

- Grafiken **veranschaulichen** Informationen, damit man sie sich besser merken kann. Einen Text, in dem es von Zahlen nur so wimmelt, kann man sich wesentlich schlechter einprägen als eine grafische Darstellung.
- Beim Umgang mit Diagrammen und Schaubildern ist es wichtig, dass du dir zunächst einen Überblick darüber verschaffst, worum es in der Abbildung geht, was also das **Thema des Schaubildes oder Diagramms** ist. Erst dann schaust du dir die **Einzelinformationen** an, die das Schaubild, die Tabelle oder das Diagramm enthält.

DAS MUSST DU WISSEN Formen grafischer Darstellung

Grafische Darstellungen eignen sich auch besonders gut für **Referate** oder **Vorträge**. Durch die Veranschaulichung können sich deine Mitschüler die Informationen nicht nur besser vorstellen und einprägen, auch dir helfen sie dabei, während deines Vortrags freier und sicherer zu sprechen.

Dabei kannst du verschiedene Möglichkeiten der Darstellung nutzen:

- **Diagramme** eignen sich besonders gut, wenn du Umfrageergebnisse darstellen willst.
- Ein **Schaubild** ist immer dann empfehlenswert, wenn du schwierigere Zusammenhänge erklären willst.
  Beispiel: *Aufbau einer Zeitungsredaktion*
- Eine **Tabelle** kommt zum Einsatz, wenn du Informationen übersichtlich darstellen willst.
- Ein **Zeitstrahl** ist sinnvoll, wenn der zu verarbeitende Text viele Daten und Jahreszahlen enthält.
  Beispiel: *Lebenslauf eines Komponisten*
- Eine **Mindmap** (Gedankenlandkarte) eignet sich besonders gut für die Vorbereitung auf eine Klassenarbeit, weil du dir damit einen Überblick über das Thema verschaffen und gut lernen kannst.

4 Schau dir das Säulendiagramm „Wichtig für die Berufswahl ist mir ...“ auf S. 51 genau an und kreuze dann die richtigen Aussagen an.

1. ☐ Das Diagramm zeigt, was Jungen und Mädchen bei ihrer Berufswahl wichtig ist.
   ☐ Das Diagramm zeigt, für welche Berufe sich Jungen und Mädchen am häufigsten entscheiden.

2. ☐ Für dieses Diagramm wurden jeweils hundert Mädchen und Jungen befragt.
   ☐ Die Fragen bezogen sich auf sieben Einzelaspekte.

3. ☐ Das Diagramm zeigt, dass Mädchen der Faktor „Spaß“ bei der Berufwahl wichtiger ist als den Jungen.
   ☐ Für Mädchen spielt die Nähe zum Wohnort eine nicht so große Rolle wie für die Jungen.

4. ☐ Jungen ist ein „sauberer“ Arbeitsplatz sehr wichtig.
   ☐ Für Jungen steht das Thema „Geld“ bei ihrer Berufswahl an erster Stelle.

Wichtig für die Berufswahl ist mir ...

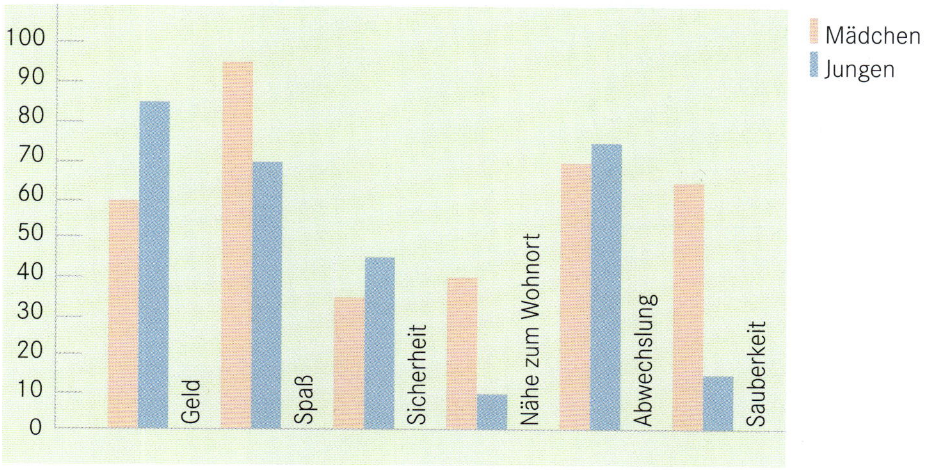

5 **Fasse die wichtigsten Aussagen des Balkendiagramms zusammen.**

▷ Schau dir dazu zunächst das folgende Diagramm an.

„Die beliebtesten Lehrberufe der Mädchen“
(von 1000 weiblichen Auszubildenden lernten)

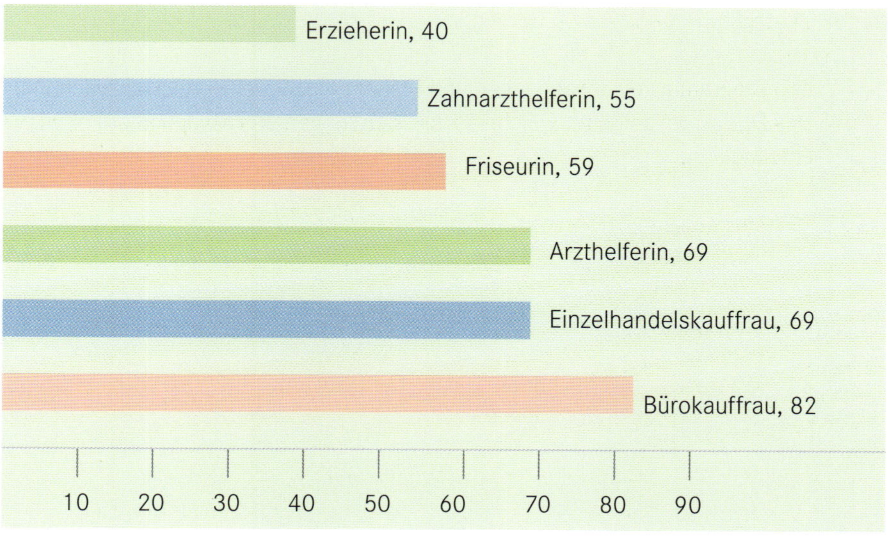

▷ Beantworte die folgenden Fragen zum Diagramm aus Aufgabe 5, S. 51.

1. Worum geht es in diesem Diagramm?

2. Wie viele junge Frauen wurden befragt?

3. Welches ist der beliebteste Lehrberuf bei jungen Frauen?

4. Welche beiden Lehrberufe sind gleichermaßen beliebt bei jungen Frauen?

5. Wie viele von 1000 jungen Frauen machen eine Ausbildung in einem medizinischen Beruf?

6 Bearbeite nun selbstständig das Diagramm wie in Aufgabe 5. Arbeite im Heft.

„Die beliebtesten Lehrberufe der Jungen“
(von 1000 männlichen Auszubildenden lernten)

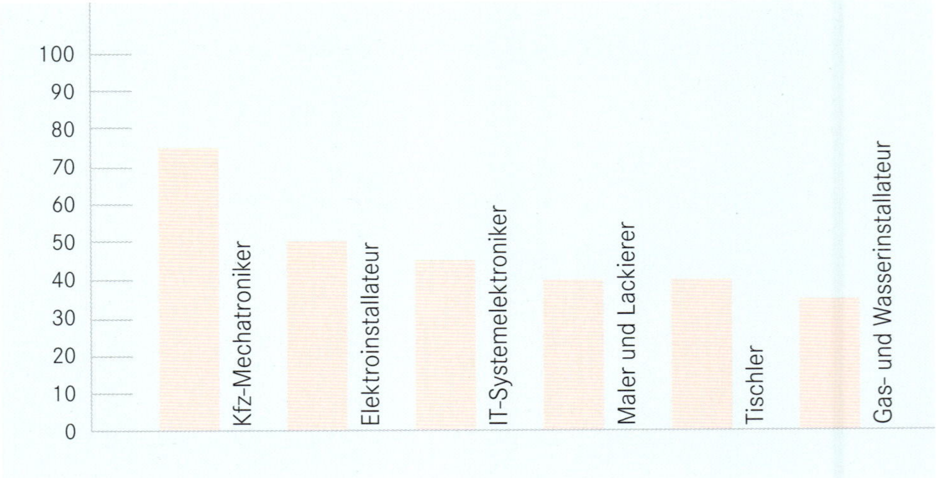

2.3 Kurze literarische Formen

TIPPS UND INFOS Von Anekdote bis Sage

Zur erzählenden Literatur (Epik) gehören neben langen Texten wie den Romanen auch kürzere Textarten wie z. B. **Märchen, Fabeln, Sagen, Legenden** oder **Lügengeschichten.**
In epischen Texten vermittelt ein Erzähler das Geschehen. Dabei unterscheiden wir zwischen einem **Ich-Erzähler** und einem **Er-/Sie-Erzähler.**

- **Ich-Erzähler:** Der Erzähler schreibt aus der Ich-Perspektive. Er nimmt selbst am Geschehen teil und kann die Gedanken und Gefühle anderer nur vermuten.
- **Er-/Sie-Erzähler:** Der Erzähler steht außerhalb des Geschehens und scheint allwissend zu sein. Er beschreibt die Figuren und das Geschehen von außerhalb, kann sich jedoch auch jederzeit in eine Person hineinversetzen und ihre Gedanken und Gefühle darstellen.

In beiden Fällen dürfen **Erzähler und Autor jedoch nicht gleichgesetzt** werden. So kann beispielsweise ein männlicher Autor aus der Perspektive einer Frau, eines Babys oder sogar eines Tieres erzählen.

Kalendergeschichten
Kalendergeschichten entstanden im 16. Jahrhundert infolge der Entwicklung des Buchdrucks. Sie wurden, wie der Name verrät, für Kalender geschrieben. Sie mussten daher **kurz** sein und sollten den Leser **unterhalten** und zugleich **belehren**. Dabei wurden **Textelemente anderer Kurztextarten, z. B. aus Schwank, Anekdote oder Fabel,** verwendet. Seit dem 20. Jahrhundert werden Kalendergeschichten auch unabhängig vom Druck auf Kalendern verfasst. So stellen sie heute eine eigene literarische Gattung dar.

Anekdote
Eine Anekdote ist ein **kurze Geschichte,** in der meist auf **witzige Art und Weise Charakterzüge** oder **typische Verhaltensweisen** einer Person dargestellt werden. Dabei handelt es sich häufig um bekannte historische Persönlichkeiten. Es können aber auch Charaktertypen, bestimmte gesellschaftliche Gruppen oder wichtige Ereignisse im Mittelpunkt einer Anekdote stehen. Die Anekdote will auf menschliche Eigenschaften wie Habsucht, Geiz, Unehrlichkeit, Schlagfertigkeit oder auch Mut aufmerksam machen. Dabei hat sie nicht zum Ziel, Menschen zu belehren, sondern sie **zu unterhalten, zum Lachen zu bringen** oder **zum Nachdenken anzuregen.** Eine Anekdote ist meist neutral erzählt. Sie endet in der Regel mit einer **Pointe,** einer verblüffenden **Wendung** oder der Äußerung einer Figur, mit der der Leser nicht gerechnet hat.

2 Texte lesen und verstehen

1 Fülle im folgenden Text die Lücken mit den Wörtern aus dem Wortspeicher. Schaue nur dann im Merkkasten nach, wenn du wirklich nicht mehr weiterweißt.

Pointe | *zum Nachdenken* | *historische Persönlichkeiten* | *erzählenden Literatur* | *überraschende Wendung* | *Geiz* | *gesellschaftliche Gruppen* | *Schlagfertigkeit* | *unterhalten* | *Charakterzüge*

1. Die Anekdote gehört neben Fabeln, Märchen, Novellen, Romanen usw. zu der ____________________, auch Epik genannt.
2. In einer Anekdote werden auf witzige Art und Weise ____________________ oder typische Verhaltensweisen einer Person dargestellt.
3. Dabei handelt es sich häufig um bekannte ____________________ ____________________. Es können aber auch Ereignisse oder ____________________ im Mittelpunkt einer Anekdote stehen.
4. Ihr Anliegen ist es, auf menschliche Eigenschaften wie Habsucht, __________, Mut oder ____________________ aufmerksam zu machen.
5. Eine Anekdote enthält ähnlich wie ein Witz eine ____________________ oder eine ____________________.
6. Sie möchte den Leser nicht belehren, sondern ihn __________ ____________________ anregen, zum Lachen bringen und ____________________.

DAS MUSST DU WISSEN | **Kurze erzählende Texte untersuchen**

Wenn du einen kurzen erzählenden Text untersuchst, solltest du so vorgehen:

1. Fasse den Inhalt des Textes mit eigenen Worten zusammen **(Inhaltsangabe).**
2. Untersuche den **Aufbau** des Textes.
   - Einleitung/Hauptteil/Schluss
   - Handlungsschritte
   - Wendungen/Pointen

3. Frage nach der Bedeutung **des Textes** und der **Absicht des Autors.** Es hilft dir, wenn du die Textart (Fabel, Märchen, Anekdote etc.) genau bestimmen kannst.
4. Untersuche die **sprachliche Gestaltung** der Geschichte.
5. Überlege, welche **Wirkung die Geschichte beim Leser** auslöst. Auch deine **eigene Meinung** ist hier gefragt.

2 **Erschließe den Inhalt der Anekdote.**

▷ Lies zunächst den folgenden Text.

Überraschendes Urteil

Sigismund von Radecki

Von dem ehemaligen New Yorker Bürgermeister LaGuardia erzählt man sich folgende Geschichte: Eines Tages fungierte er, wie er es zuweilen tat, als Polizeirichter. Es war ein eiskalter Wintertag. Man führte ihm einen zitternden alten Mann vor. Anklage: Entwendung eines Laibes Brot aus einer Bäckerei. Der Angeklagte entschuldigte sich damit, dass seine Familie am Verhungern sei. „Ich muss Sie bestrafen“, erklärte LaGuardia. „Das Gesetz duldet keine Ausnahme. Ich kann nichts tun, als Sie zur Zahlung von zehn Dollar verurteilen.“ Dann aber griff er in die Tasche und setzte hinzu: „Gut. Hier sind die zehn Dollar, um Ihre Strafe zu bezahlen. - Und nun erlasse ich Ihnen die Strafe.“

Hiermit warf LaGuardia die Zehndollarnote in seinen grauen Filzhut.

„Und nun“, setzte er mit erhobener Stimme fort, „bestrafe ich jeden Anwesenden in diesem Gerichtssaal mit einer Buße von fünfzig Cent - und zwar dafür, dass er in einer Stadt lebt, wo ein Mensch Brot stehlen muss, um essen zu können! Herr Gerichtsdiener, kassieren Sie die Geldstrafen sogleich ein und übergeben Sie sie dem Angeklagten!“

Der Hut machte die Runde. Und ein noch halb ungläubiger alter Mann verließ den Saal mit siebenundvierzig Dollar und fünfzig Cent in der Tasche.

▷ Beantworte nun die folgenden W-Fragen zum Inhalt der Anekdote. Arbeite im Heft.

1. **Wer** ist an der Handlung beteiligt?
2. **Wann** spielt die Handlung?
3. **Wo** findet die zentrale Handlung statt?
4. **Was** passiert im Gerichtssaal?
5. **Warum** handelt der New Yorker Bürgermeister so wie beschrieben?
6. **Welche Folgen** hat die Entscheidung des Bürgermeisters?

3 Untersuche den Aufbau der Anekdote.

▷ Lies den Text noch einmal gründlich durch und beantworte dann die folgenden Fragen zum Aufbau der Anekdote.

1. Gibt es in dieser Anekdote eine Einleitung? Wenn ja, dann gib die Zeile an, in der deiner Meinung nach die Einleitung endet.

   Zeile:

2. Bis zu welcher Textstelle haben wir den Eindruck, dass es sich um eine ganz normale Gerichtsverhandlung handelt?

   Zeile:

3. Wie wirkt das Verhalten des Bürgermeisters bis zu diesem Zeitpunkt auf dich?

4. Schreibe den Satz heraus, durch den die Handlung dann eine plötzliche Wendung nimmt.

5. Der Autor überrascht den Leser gleich mehrmals mit einem unvorhersehbaren Verlauf. Nenne die drei weiteren überraschenden Momente der Anekdote.

   a

   b

   c

▷ Untersuche nun den Schluss des Textes. Kreuze die einzige richtige Antwort an.

a) Der Autor lässt die Anekdote mit einem Überraschungsmoment enden und verblüfft damit den Leser.

b) Das Ende der Anekdote ist offen.

c) Die Anekdote endet mit einer Moral.

d) Der Autor rundet die Anekdote ab, indem er sich auf den Anfang der Geschichte bezieht.

4 **Erschließe die Bedeutung des Textes und zeige, dass es sich dabei tatsächlich um eine Anekdote handelt.**

▷ Beantworte dazu die folgenden Fragen. Arbeite im Heft.

1. Durch das unerwartete Handeln des Bürgermeisters erscheint dieser plötzlich in einem ganz anderen Licht. Auf welche menschlichen Eigenschaften des Bürgermeisters möchte uns der Autor hinweisen?
2. Der Bürgermeister bestraft jeden Anwesenden „mit einer Buße von fünfzig Cent – und zwar dafür, dass er in einer Stadt lebt, wo man Brot stehlen muss, um essen zu können!“ (Z. 12/13) Welche Kritik an der Gesellschaft äußert der Autor, indem er den Bürgermeister so handeln lässt?

▷ Lies noch einmal die typischen Merkmale einer Anekdote auf S. 53 durch und beweise dann, dass es sich bei dem Text auf S. 55 um eine Anekdote handelt. Arbeite im Heft.

BEISPIEL

So kannst du beginnen:
Bei dem Text „Überraschendes Urteil“ von Sigismund von Radecki handelt es sich um eine Anekdote, weil ...

5 **Beschreibe die sprachliche Gestaltung der Anekdote.**

▷ Welche sprachlichen Mittel verwendet der Autor in der Anekdote „Überraschendes Urteil“? Kreise sie ein.

zahlreiche anschauliche Adjektive | *kurze, verständliche Sätze* | *Jugendsprache*
sachliche Darstellung | *wörtliche Rede* | *lange, komplizierte Satzgefüge*
ausführliche Beschreibungen | *Mundart (Dialekt)* | *Vergleiche* | *Amtssprache*
Redewendungen/Sprichwörter | *spannungssteigernde Verben/Adjektive*
Sprachbilder (Metaphern)

▷ Erkläre nun, inwieweit die verwendeten sprachlichen Mittel zum Thema der Anekdote passen. Berücksichtige dabei, dass der Autor den Rahmen einer Gerichtsverhandlung für seine Anekdote gewählt hat. Arbeite im Heft.

▷ Formuliere abschließend, welche Wirkung diese Anekdote wohl auf die Leser hat. Äußere auch deine eigene Meinung dazu. Arbeite im Heft.

Test

1 **Wodurch unterscheiden sich Bericht und Reportage voneinander? Ordne die Merkmale aus dem Wortspeicher den beiden Zeitungstexten zu.**

enthält persönliche Meinung(en) | *sachlich* | *nicht objektiv* | *anschauliche Wortwahl* | *enthält veranschaulichende Fotos* | *wertet nicht* | *macht durch einen Aufhänger neugierig* | *informiert wahrheitsgemäß*

Bericht	Reportage

2 **Lies den folgenden kurzen Sachtext und stelle die Informationen auf S. 59 oben in einem Balkendiagramm dar. Finde eine Überschrift für das Diagramm.**

Wofür gibst du dein Geld aus?
Hat das gute alte Sparschwein wirklich ausgedient? Wofür gibt die heutige Jugend eigentlich ihr Geld aus? Eine berechtigte Frage, denn schließlich stehen den deutschen Teenagern heute jährlich rund 7,5 Milliarden € zur Verfügung.
Eine Befragung unter 100 Jugendlichen im Alter zwischen 12 und 18 Jahren hat folgendes Ergebnis gezeigt:

- So wird das meiste Geld in Kleidung (75 %) und in Handys (70 %) investiert.
- Für DVDs und Bücher hingegen haben sich lediglich 25 % der Befragten entschieden.
- Beliebt ist bei den Jugendlichen auch der Kauf von CDs und Computerzubehör. Hierfür haben sich 55 % der Teenager ausgesprochen.
- 14 % geben ihr Geld auch gerne für Kino- und Konzertbesuche aus.
- Die Beschaffung von Schulbedarf stand bei immerhin noch 10 % der Befragten auf der Liste.

3 **Lies die folgende Geschichte. Beantworte anschließend die Fragen.**

Eine Nachtgeschichte

Wilhelm Busch

Vor einiger Zeit kehrte spätabends im „Goldenen Löwen“ zu Kassel ein elegant, aber nachlässig gekleideter Fremder ein, der augenscheinlich eine längere Fußtour gemacht hatte. Aus seinen schmerzlichen Zügen sprach eine stille Verzweiflung, ein heimlicher Kummer musste seine Seele belasten. Er aß nur äußerst wenig und ließ sich bald sein Schlafzimmer anweisen.

Es mochte wohl eine Viertelstunde später und nahezu Mitternacht sein, als der Kellner an Nr. 6, dem Zimmer des Fremden, vorüberkam. Ein lautes, herzzerreißendes Ächzen und Stöhnen drang daraus hervor. Dem erschrockenen Kellner erstarrte das Blut in den Adern. Irgendetwas Entsetzliches musste da vorgehen. Schleunige Hilfe tat not; er stürzte also zur Polizei. Unterdessen hatte die Regierungsrätin v. Z., welche in Nr. 7 schlief, dieselbe schreckliche Entdeckung gemacht und bereits das ganze Wirtshaus in Alarm gebracht, bis der Kellner mit der Polizei zurückkam. Man drang nun sofort in das Zimmer des Fremden. Aber leider kam die Hilfe zu spät; denn der hatte bereits in Ermangelung eines anderen Instrumentes mit eigener Hand unter Schmerzen und Wehklagen seine – engen Stiefel ausgezogen.

▷ Um welche Textsorte handelt es sich bei der Geschichte? Kreuze an.

☐ Sachtext ☐ Anekdote ☐ Bericht

▷ Welche inhaltliche Aussage ist jeweils richtig? Kreuze an.

1. ☐ Der Fremde wirkt verzweifelt und isst kaum etwas.
   ☐ Der Fremde ist nach seinem langen Fußmarsch wie ausgehungert.
   ☐ Der Fremde zieht sich sofort nach der Ankunft auf sein Zimmer zurück.
2. ☐ Der Kellner sorgt sich um den Gast und schaut nach ihm.
   ☐ Der Kellner hört Geräusche aus dem Zimmer des Fremden, als er zufällig daran vorbeikommt.
   ☐ Die Regierungsrätin v. Z. meldet dem Kellner, dass Geräusche aus dem Zimmer Nr. 6 zu hören sind.
3. ☐ Der Kellner läuft sofort zur Polizei.
   ☐ Die Regierungsrätin v. Z. alarmiert die Polizei.
   ☐ Der Kellner ruft die Polizei an.
4. ☐ Als die Polizei die Tür aufbricht, sitzt der Fremde verletzt auf dem Boden.
   ☐ Als die Polizei die Tür aufbricht, findet sie den Fremden mit ausgezogenen Stiefeln in der Hand vor.
   ☐ Als die Polizei die Tür aufbricht, ist der Fremde bereits geflohen.

▷ Wo endet die Einleitung der Geschichte? Gib die Zeile an. Zeile: ______

▷ Wo nimmt die Handlung eine plötzliche Wendung?
Gib die Zeile an. Zeile: ______

▷ Welche sprachlichen Mittel verwendet der Autor? Kreise sie ein.

zahlreiche anschauliche Adjektive *kurze, verständliche Sätze* *sachliche Darstellung*
wörtliche Rede *lange, komplizierte Satzgefüge* *Jugendsprache* *Amtssprache*
ausführliche Beschreibungen *Mundart (Dialekt)* *Redewendungen/Sprichwörter*
Vergleiche *Sprachbilder (Metaphern)* *spannungssteigernde Verben/Adjektive*

▷ Welche Wirkung hat der Text wohl auf die Leser? Kreuze an.

1. ☐ Durch das unerwartete Ende wirkt der Text lustig, weil die Geräusche aus dem Zimmer des Fremden eine Verletzung erwarten ließen.
2. ☐ Durch die Sprache wirkt der Text gruselig.
3. ☐ Der Text wirkt langweilig, weil man ahnt, wie der Text endet.

3 Sprache kennenlernen

Das musst du am Ende der Klasse 8 können:

- ▷ Aktivsätze von Passivsätzen unterscheiden und beide verwenden
- ▷ Indikativ und Konjunktiv I und II kennen, bilden und anwenden
- ▷ Die wichtigsten Wortarten kennen, benennen und erklären
- ▷ Die einzelnen Satzglieder kennen und im Satz bestimmen

3.1 Aktiv – Passiv

DAS MUSST DU WISSEN Gebrauch und Bildung

Im Deutschen gibt es zwei **Handlungsformen,** das **Aktiv** und das **Passiv.**

- ▶ Im **Aktiv** wird eine Handlung oder ein Geschehen aus der **Sicht des Handelnden** beschrieben. Dies muss nicht unbedingt eine Person sein, deshalb spricht man auch vom **Handlungsträger.** Man fragt danach mit „Wer oder was tut/tun etwas?“. Im Aktivsatz ist der Handlungsträger (Verursacher) immer gleichzeitig das **Subjekt** des Satzes. Man benutzt das **Aktiv,** wenn der **Handlungsträger im Vordergrund** steht. Die **Handlung** selbst, also das, was geschieht oder getan wird, steht in einem Aktivsatz immer an zweiter Position. Die **Handlung** wird im **Prädikat** dargestellt.

Beispiel:	*Die Löwin*	*reißt eine Gazelle.*
	Handlungsträger (= Subjekt)	Handlung (= Prädikat)

- ▶ Im **Passiv** wird eine Handlung oder ein Geschehen aus der **Sicht des Betroffenen** dargestellt. Auch hier muss der Betroffene nicht immer eine Person sein. Das Passiv wird eingesetzt, wenn **die Handlung selbst im Vordergrund** stehen soll. In einem Passivsatz ist das **Prädikat zweiteilig.** Es besteht aus einer **Personalform von *werden*** und dem **Partizip II.**

Beispiel: *Maria wird* (Personalform von *werden*) *operiert* (Partizip II).

Auch in einem Passivsatz kann man den **Handlungsträger** benennen, wenn man erwähnen möchte, von wem die Handlung ausgeführt wird.

Beispiel:	*Die Gazelle*	*wird*	*von der Löwin*	*gerissen.*
	Betroffener	*Handlung*	*Handlungsträger*	*Handlung*
	(= Subjekt)	(= Prädikat)	(= Objekt)	(Präd./Part. II)

- ▶ Manchmal ist es für eine Aussage nicht wichtig, den Handlungsträger anzugeben. Das nennt man **unpersönliches Passiv,** weil kein Handlungsträger genannt wird.

Beispiel: *Das Elefantenkalb wird geboren.*

1 **Forme die Aktivsätze in entsprechende Passivsätze um.**

Aktiv	Passiv
Die Schülerinnen und Schüler gratulieren der Lehrerin zum Geburtstag.	
Die Waldarbeiter fällen im Herbst zahlreiche Bäume.	
Der Kfz-Mechatroniker führt in der Urlaubszeit viele Autoinspektionen durch.	
Die Architektin plant die Erweiterung der Realschule.	
Der Gastgeber besiegt den Tabellenführer nach einem spannenden Spiel.	

2 **Formuliere für die folgenden Handlungen unpersönliche Passivsätze.**

Plätzchen backen: *Die Plätzchen werden gebacken.*

Geschenke verpacken:

Weihnachtsbaum schmücken:

Kerzen anzünden:

Lied singen:

Festmahl vorbereiten:

DAS MUSST DU WISSEN — **Aktiv und Passiv richtig verwenden**

Ob es sinnvoller ist, das Aktiv oder das Passiv zu benutzen, hängt davon ab, welche Informationen du in den Vordergrund stellen möchtest.

- Wenn es für dich wichtig ist, den **Handlungsträger** in den **Mittelpunkt** zu rücken, solltest du das **Aktiv** benutzen.
- Geht es dir jedoch darum, ein **Geschehen oder eine Handlung zu beschreiben,** dann ist das **Passiv** die geeignetere Darstellungsform. Wenn du das Passiv benutzt, solltest du vorher überlegen, ob das **persönliche Passiv** oder das **unpersönliche Passiv** für deine Textaussage angemessen ist. Für **Rezepte** und **Vorgangsbeschreibungen** ist es zum Beispiel nicht wichtig, den Handlungsträger zu benennen. Hier bietet sich das **unpersönliche Passiv** an.

3 **Formuliere aus den folgenden Stichpunkten eine kurze Vorgangsbeschreibung.**
▷ Formuliere dazu die Stichpunkte in vollständige Sätze aus. Arbeite im Heft.
▷ Entscheide selbst, wann du das Aktiv und das Passiv benutzen möchtest.
Tipp: Vorgangsbeschreibungen werden im Präsens verfasst.

BEISPIEL

So kannst du beginnen: *Die Wale gehören zu den ...*

Vorgangsbeschreibung: Die Atmung der Wale

zu Lungenatmern gehören | *zum Atmen an Oberfläche kommen* | *beim Auftauchen Atemluft ausatmen* | *Atemluft aus Spritzloch am Kopf herausdrücken* | *Atemluft zu Dampfwolke bis zu acht Meter hochdrücken* | *durch Spritzloch wieder einatmen* | *an Form der Atemwolke verschiedene Walarten erkennen*

DAS MUSST DU WISSEN – Zeitformen im Aktiv und im Passiv

Jede Zeitform (Tempus) im Aktiv hat im Passiv ihre Entsprechung.

Tempus	Aktiv	Passiv
Präsens	Die Löwenrudel **verfolgen** die Zebraherden.	Die Zebraherden **werden** von den Löwenrudeln **verfolgt.**
Perfekt	Die Löwenrudel **haben** die Zebraherden **verfolgt.**	Die Zebraherden **sind** von den Löwenrudeln **verfolgt worden.**
Präteritum	Die Löwenrudel **verfolgten** die Zebraherden.	Die Zebraherden **wurden** von den Löwenrudeln **verfolgt.**
Plusquam-perfekt	Die Löwenrudel **hatten** die Zebraherden **verfolgt.**	Die Zebraherden **waren** von den Löwenrudeln **verfolgt worden.**
Futur I	Die Löwenrudel **werden** die Zebraherden **verfolgen.**	Die Zebraherden **werden** von den Löwenrudeln **verfolgt werden.**
Futur II	Die Löwenrudel **werden** die Zebraherden **verfolgt haben.**	Die Zebraherden **werden** von den Löwenrudeln **verfolgt worden sein.**

4 **Notiere für die folgenden Passivsätze die Tempusformen.**

1. Heute wird unser Theaterstück in der Schule aufgeführt. ______
2. Viele Prominente sind dazu eingeladen worden. ______
3. Hoffentlich wird die Bühne repariert worden sein. ______
4. Bereits vor Monaten waren die ersten Probentermine angesetzt worden.
   ______
5. Gestern noch wurden viele Requisiten zusammengesucht. ______

5 **Forme die Sätze in Passivsätze um. Beachte dabei das Präteritum. Arbeite im Heft.**

1. Unsere Clique begrüßte uns.
2. Simon warf mein Handtuch ins Wasser.
3. Jörg vermisste seine Taucherbrille.
4. Ein kleines Mädchen suchte weinend seine Mutter.
5. Der Schwimmmeister sperrte den Sprungturm.
6. Wir verspeisten das mitgebrachte Essen mit Heißhunger.
7. Die Getränke kühlten wir im Wasser.

6 **Der folgende Bericht über ein Schulfest enthält sehr viele Passivsätze.**

▷ Lies den Bericht zunächst aufmerksam durch.

Unsere Schule – fit und gesund

Gestern fand in unserer Schule ein Sommerfest statt. Es stellte den Abschluss einer Projektwoche dar, die unter dem Motto „Gesundheit und Fitness in der Schule" stand. Zahlreiche Workshops wurden durchgeführt. In einem Zirkusprojekt lernten wir Jonglieren, Akrobatik, Trampolinsprünge und viele weitere Kunststücke. Von der Tanz-AG wurde ein Schnupperkurs zu Hip-Hop und Videoclip-Dancing veranstaltet. Von unserer Sportlehrerin wurde für die älteren Schülerinnen und Schüler eine Einführung in lateinamerikanische Standardtänze angeboten. Die Veranstaltung zum Rope-Skipping erwies sich als wirklich schweißtreibend. Beim Seilspringen wurden Kondition und Sprungtechniken gleichermaßen geschult.

Viele Veranstaltungen rückten Aspekte einer gesunden und schmackhaften Ernährung in den Vordergrund. Hierzu wurden von uns die verschiedensten Kurse belegt. Diese wurden von Lehrerinnen und Ernährungsberaterinnen angeboten. Die Palette reichte vom gesunden Frühstück über vegetarische Mahlzeiten bis hin zu Fingerfood und Mixgetränken.

Viele kulinarische Leckerbissen wurden nicht nur zubereitet. Sie wurden auch vom Hauswirtschaftskurs im „Fitness-Café" zum Verzehr angeboten.

Sogar das Thema „legale und illegale Drogen" wurde nicht ausgeklammert. Das Konsumverhalten von Jugendlichen bezüglich Alkohol und Tabakwaren wurde unter die Lupe genommen. Für die Aufklärung über Missbrauch und Wirkungsweise der unterschiedlichsten Drogen wurden Fachleute einer örtlichen Beratungsstelle gewonnen.

▷ Beantworte vorab die folgende Frage:

In welcher Zeitform steht der Bericht? ______

▷ Unterstreiche nun alle Passivsätze, die der Text enthält.
▷ Ordne sie in eine Tabelle ein, die du in deinem Heft nach folgendem Muster anlegst.

Persönliches Passiv	Unpersönliches Passiv

Der Bericht über das Schulfest klingt nicht gut.
▷ Überlege, woran das liegt.
▷ Schreibe dann den ganzen Bericht verbessert auf.
▷ Arbeite im Heft.

7 **Formuliere die folgenden Stichpunkte für die Zubereitung von Hotdogs aus. Entscheide dabei selbst, wann du das Aktiv oder das Passiv benutzen möchtest.**

Hotdogs zubereiten

Backofen auf 175 Grad vorheizen
Hotdog-Brötchen mit dem Brotmesser der Länge nach aufschneiden
Tomaten waschen, Stielansatz entfernen
Tomaten in Würfel schneiden
Zwiebeln häuten und fein würfeln
Knoblauchzehe abziehen
Basilikumblätter waschen, trocken tupfen und klein schneiden
Tomaten und Zwiebeln in einer Schüssel mit Olivenöl verrühren
Knoblauch durch eine Presse drücken und unterrühren
Salz, Pfeffer und das Basilikum dazugeben
Würstchen erhitzen und in die aufgeschnittenen Brötchen legen
würzige Tomatenmischung auf dem Hotdog verteilen
Mozzarella abtropfen lassen, klein schneiden und auf dem Hotdog verteilen
Hotdogs im Backofen ca. zehn Minuten überbacken

8 **Wandle die Sätze, die sich im Passiv formulieren lassen, entsprechend um. Entscheide dabei selbst, ob du das persönliche oder das unpersönliche Passiv benutzen möchtest.**

Arbeite im Heft.

Praktikumsbericht

1. Um 7.30 Uhr kam ich an der Kindertagesstätte an.
2. Unsere Lehrer hatten uns gut auf das Praktikum vorbereitet.
3. Trotzdem war ich etwas nervös.
4. Die Kinder begrüßten mich stürmisch und umringten mich.
5. Auch die Erzieherinnen begrüßten mich freundlich.
6. Die Leiterin zeigte mir alle Räumlichkeiten.
7. In einem Zimmer bastelten die Kinder Weihnachtssterne.
8. Die Kinder werden sie später an den Tannenbaum hängen.
9. In einem anderen Raum bauten die Kinder auf einem Teppich mit Holzklötzen ganze Städte.
10. Dann rief eine Erzieherin alle Kinder zusammen.
11. Alle Erzieherinnen und Kinder bildeten einen Stuhlkreis.
12. Jedes Kind durfte vom Wochenende erzählen.
13. Auf dem Hof eines Kindes hatte eine Kuh ein Kälbchen geboren.

3.2 Konjunktiv I und II

TIPPS UND INFOS **Die Zeitformen des Verbs**

- Die Grundform des Verbs nennt man **Infinitiv.** Der Infinitiv zeigt das Verb in seiner **ursprünglichen Form.**
  Beispiele: *laufen, sehen, schreiben, anrufen*

- Die **Wirklichkeitsform** von Verben nennt man **Indikativ.** Der Indikativ beschreibt einen Zustand oder Vorgang.
  Beispiele: *du läufst, er sieht, wir schreiben, sie rufen an*

Die Zeitformen des Verbs

Verben zeigen **verschiedene Zeitformen** an. Sie sagen, ob ein Geschehen in der **Gegenwart**, in der **Vergangenheit** oder in der **Zukunft** stattfindet.

- Das **Präsens** benutzt du, wenn du etwas erzählst, **was jetzt gerade geschieht.**
  Beispiel: *Ich* ***gehe*** *(gerade) mit meinen Freunden ins Schwimmbad.*

- Das **Präteritum** und das **Perfekt** benutzt du, wenn du etwas erzählst, das **bereits vergangen** ist.
  - Das Präteritum benutzt man meistens für das **schriftliche Erzählen.**
    Beispiel: *Gestern* ***ging*** *ich mit meinen Freunden ins Schwimmbad.*
  - Das **Perfekt** verwendet man eher für das **mündliche Erzählen.**
    Beispiel: *Gestern* ***bin*** *ich mit meinen Freunden ins Schwimmbad* ***gegangen.***

- Das **Plusquamperfekt** benutzt du, wenn du etwas erzählst, **was in der Vergangenheit schon abgeschlossen war** bzw. etwas, das sehr lange zurückliegt.
  Beispiel: *Ich* ***war*** *mit meinen Freunden ins Schwimmbad* ***gegangen.***

- Das **Futur I** benutzt du, wenn du über die Ereignisse redest, **die in der Zukunft erst noch passieren werden.**
  Beispiel: *Ich* ***werde*** *mit meinen Freunden ins Schwimmbad* ***gehen.***

- Das **Futur II** verwendest du, wenn du etwas ausdrücken möchtest, **was in der Zukunft bereits abgeschlossen ist.** Diese Zeitform benutzt man im Alltag jedoch eher selten.
  Beispiel: *Ich* ***werde*** *mit meinen Freunden ins Schwimmbad* ***gegangen sein.***

1 **Bestimme, in welcher Zeitform die Verben stehen. Kreuze an.**

	Plusquamperfekt	Perfekt	Präteritum	Präsens	Futur I	Futur II
ich rannte						
sie glauben						
er wird anrufen						
wir haben gelacht						
du wirst geschafft haben						
ihr hattet verstanden						

DAS MUSST DU WISSEN **Den Konjunktiv richtig anwenden**

Mit dem **Konjunktiv** kannst du Wünsche und Vorstellungen ausdrücken. Man nennt ihn deshalb auch die **Möglichkeitsform.** Er kann sich auf die Gegenwart (Präsens), die Vergangenheit (Perfekt) oder die Zukunft (Futur I) beziehen. Es gibt zwei Formen des Konjunktivs, den **Konjunktiv I** und den **Konjunktiv II.**
Der **Konjunktiv I** wird vor allem für die **indirekte Rede** verwendet; wenn man also genau wiedergeben möchte, was ein anderer gesagt hat.

- **Direkte Rede:** *Tina sagt: „Ich bin sehr froh über meine guten Noten."*
- **Indirekte Rede:** *Tina sagt, sie **sei** sehr froh über ihre guten Noten.*

Der **Konjunktiv I** leitet seine Formen vom **Indikativ des Präsens** *(sie nimmt)* ab.

	Präsens Indikativ	Konjunktiv I
ich	fahre	fahre
du	fährst	fahrest
er/sie/es	fährt	fahre
wir	fahren	fahren
ihr	fahrt	fahret
sie	fahren	fahren

Der **Konjunktiv II** drückt keine Tatsache aus, sondern wird verwendet, wenn

- etwas möglich ist.
  Beispiel: *Ich* ***könnte*** *mich mit meinen Freunden treffen.*
- etwas nicht wirklich der Fall ist.
  Beispiel: *Er tat so, als* ***wäre*** *die Aufgabe kein Problem für ihn.*
- man einen Wunsch ausdrückt.
  Beispiel: *Sie* ***würde*** *so gerne mit ihm fahren.*
- man jemanden höflich um etwas bittet.
  Beispiel: ***Hätten*** *Sie einen Stift für mich?*

Der Konjunktiv II bringt also **auch eine Stellungnahme zum Inhalt der Aussage** zum Ausdruck, zum Beispiel Zweifel oder einen Hinweis darauf, dass das Gesagte nicht der Wirklichkeit entspricht und nur einen Wunsch darstellt.
Beispiel: *Esther hat gesagt, sie* ***käme*** *morgen. (Aber ich glaube noch nicht daran.*)

Häufig wird der Konjunktiv II auch benutzt, wenn angegeben wird, was passieren muss, damit ein Wunsch oder Plan sich verwirklicht.
Beispiel: *Wenn er Musikunterricht* ***nähme,*** *könnte er ein guter Musiker werden.*

Der Konjunktiv II leitet seine Formen vom **Indikativ des Präteritums** *(sie nahm)* ab.

	Präsens Indikativ	Konjunktiv II
ich	fuhr	führe
du	fuhrst	führest
er	fuhr	führe
wir	fuhren	führen
ihr	fuhrt	führet
sie	fuhren	führen

Unter bestimmten Bedingungen kommt eine **Ersatzregel** zum Einsatz:
Wenn sich die Formen des Konjunktivs II nicht vom Indikativ unterscheiden, verwendet man die Umschreibung mit „würde“.
Beispiel: *Wenn er Stunden nähme,* ***würde*** *er bald besser* ***spielen.***

2 **Setze die fehlenden Formen in die Tabelle ein.**

Pers.	Ind. Präsens	Konjunktiv I	Ind. Präteritum	Konjunktiv II
ich	kann	könne	konnte	könnte
wir			liefen	
er	muss			
du			brachtest	
ihr		traget		
sie (Pl.)				brauchten
ich	steige ein			
du		seist		

3 **Entscheide, ob es sich bei den folgenden Sätzen um den Konjunktiv I oder II handelt und kreuze an.**

Tipp: Frage dich, ob es sich um indirekte Rede (Konj. I) oder einen Wunsch/eine Möglichkeit (Konj. II) handelt.

	Konjunktiv I	Konjunktiv II
1. Sabine sagt, sie *habe* verschlafen.		
2. Er wünschte, er *hätte* sich mehr angestrengt.		
3. Der Lehrer behauptet, sie *habe* von ihrem Nachbarn abgeschrieben.		
4. Die Ministerin sagte, sie *sei* von dem neuen Gesetz überzeugt.		
5. Chris glaubt, er *bestünde* die Prüfung auf keinen Fall.		
6. Meine Eltern meinten, ich *müsse* aber um 22 Uhr zu Hause sein.		
7. Ich glaube, ich *könnte* das nicht tun.		
8. Sie sagte, sie *ginge* morgen zum Arzt.		
9. Oma sagt, sie *nehme* morgen den ersten Zug.		
10. Papa behauptet, er *nähme* es mir nicht übel.		

4 **Um die folgenden Aussagen von Roman, Benni und Bennis Mutter wiederzugeben, musst du den Konjunktiv I für die indirekte Rede verwenden.**

BEISPIEL

Roman zu Benni: „Willst du heute Abend mit mir auf die neue Skaterbahn?"

Benni zur Mutter: „Roman fragt, *ob ich heute mit auf die neue Skaterbahn wolle.*"

Mutter: „Dein Vater **hat** das Auto. Ich **kann** euch nicht hinbringen."

Benni zu Roman: „Meine Mutter sagt, ______________________________

______________________________."

Roman: „Meine Schwester **kann** uns zur Skaterbahn fahren."

Benni zur Mutter: „Roman sagt, ______________________________

______________________________."

Mutter: „Na schön, wenn Papa zurück **ist, hole** ich euch dann hinterher wieder **ab.**"

Benni zu Roman: „Meine Mutter meint, ______________________________

______________________________."

Mutter: „Aber ich **will** nicht, dass es so spät **wird.**"

Benni zu Roman: „Mama sagt, ______________________________

______________________________."

Roman: „Ich **muss** auch spätestens um neun daheim sein."

Benni zur Mutter: „Roman meint, ______________________________

______________________________."

Mutter: „Gut, dann **bin** ich einverstanden."

Benni zu Roman: „Geht klar. Mama sagt, ______________________________."

5 Formuliere Sätze im Konjunktiv II. Gib dazu das vorgegebene Verb zunächst im Präteritum an. Schreibe dann die vollständigen Sätze ins Heft.

BEISPIEL

Ich wünschte, ... im Sommer nach Mallorca **fliegen**

fliegen – flog

Ich wünschte, ich flöge im Sommer nach Mallorca.

Sie glaubte fest daran, dass ...	sie **kann** es schaffen
	(kann)
Er stellte sich vor, er ...	ein bekannter Schauspieler **sein**
	(sein)
Wir vermuteten, dass ...	der Wind die Wolken **vertreiben**
	(vertreiben)
Sie behauptete, er ...	bei ihr **bleiben**
	(bleiben)
Es sah so aus, als ob er ...	nie das Tor **treffen**
	(treffen)
Wir hofften, dass er ...	nicht so schrecklich falsch **singen**
	(singen)

3.3 Wortarten

TIPPS UND INFOS Wortarten im Überblick

Viele Wortarten kennst du bereits aus den vergangenen Schuljahren.

- **Substantive** (Nomen) sind Hauptwörter.
  Beispiele: der *Junge,* das *Fahrrad,* die *Kuh*
- **Verben** sind Tätigkeitswörter.
  Beispiele: *spielen, singen, laufen*
- **Adjektive** sind Eigenschaftswörter.
  Beispiele: *lieb, farbig, rutschig*
- **Artikel** sind Begleiter des Substantivs.
  Beispiele: **bestimmte Artikel:** *der* Stuhl, *das* Haus
  Beispiele: **unbestimmte Artikel:** *ein* Bild, *eine* Tischdecke
- Eine **Präposition** ist ein Verhältniswort.
  Beispiele: *auf, unter, bei, in, wegen*
- Ein **Personalpronomen** ist ein persönliches Fürwort.
  Beispiele: *ich, du, er, sie, es*
- Ein **Possessivpronomen** ist ein besitzanzeigendes Fürwort.
  Beispiele: *mein* Auto, *dein* Rad
- Eine **Konjunktion** ist ein Bindewort. Es verbindet entweder einen Haupt- und einen Nebensatz oder zwei Hauptsätze.
  Beispiele: *weil, aber, wenn, dass*
- Ein **Adverb** ist ein Umstandswort. Es gibt an, wann, wo, wie oder warum etwas geschieht.
  Beispiele: *abends, dort, glücklicherweise, trotzdem*

1 **Trage die Wörter an den richtigen Stellen in die beiden Tabellen ein.**

damals *suchen* *mein* *spannend* *über* *obwohl* *Wunsch* *Beruf*
unser *drüben* *dass* *zwischen* *eine* *die* *verstehen* *nebensächlich*

Substantive	Verben	Adjektive	Adverbien

Artikel	Konjunktionen	Präpositionen	Possessivpronomen

2 **Bestimme die Wortart der hervorgehobenen Wörter und trage die Bezeichnungen in die Lücken ein.**

Mein Traumberuf

1. **Ich** *Personalpronomen* habe lange
2. **überlegt** ______, was ich wohl
3. **einmal** ______ werden will. Seit einigen Wochen bin ich mir
4. **glücklicherweise** ______ sicher, dass
5. **mein** ______ Traumberuf der des
6. **Bäckers** ______ ist. Ich habe während meines Praktikums
7. **herausgefunden** ______ ,
8. **dass** ______ das genau das Richtige für mich ist.
9. **Da** ______ kann man
10. **kreativ** ______ sein und benötigt handwerkliches
11. **Geschick** ______ . Viele sagen, sie könnten sich das nicht vorstellen,
12. **weil** ______ man dann immer so
13. **früh** ______ aufstehen muss, aber ich mag den Beruf trotzdem.
14. Ich **freue** ______ mich, dass ich
15. **jetzt** ______ ein klares
16. **Ziel** ______ vor Augen habe.

3.4 Satzglieder

TIPPS UND INFOS Die Bausteine eines Satzes

Sätze bestehen aus verschiedenen Satzgliedern.

- Ein deutscher Satz besteht immer mindestens aus einem **Subjekt** („Täter") und einem **Prädikat** („Handlung"/Verb).
  Beispiel: *Maria trinkt.* (*Maria* = Subjekt; *trinkt* = Prädikat)
- Natürlich sind die Sätze, die wir gebrauchen, in der Regel wesentlich länger und enthalten zumindest noch ein **Objekt** („Opfer").
  Beispiel: *Maria trinkt* ***einen Kakao.*** (*einen Kakao* = Objekt)
- Oft wird ein Satz dann noch durch eine **adverbiale Bestimmung** ergänzt, die das Geschehen oder die Handlung genauer beschreibt.
  Beispiel: *Maria trinkt* ***spät am Abend*** *einen Kakao.* (*spät am Abend* = adverbiale Bestimmung)

Die Umstellprobe

Um herauszubekommen, welche Wörter jeweils ein Satzglied bilden, bedienst du dich einfach der Umstellprobe. Du stellst den Satz möglichst oft um. Die Wörter, die trotz der Umstellung immer zusammenbleiben, bilden ein **Satzglied.**

Beispiel: *Im Sommer / fahre / ich / mit meinen Freunden / in ein Jugendcamp.*
Ich / fahre / im Sommer / mit meinen Freunden / in ein Jugendcamp.
Mit meinen Freunden / fahre / ich / im Sommer / in ein Jugendcamp.
In ein Jugendcamp / fahre / ich / im Sommer / mit meinen Freunden.

1 **Grenze in folgenden Sätzen die einzelnen Satzglieder voneinander ab. Verwende dazu die Umstellprobe. Schreibe ins Heft.**

BEISPIEL

Wir fahren in den Sommerferien an die Nordseeküste.

An die Nordseeküste / fahren / wir / in den Sommerferien.

1. Im letzten Jahr verbrachten wir unseren Urlaub in Spanien.
2. Die dortige Hitze machte der ganzen Familie sehr zu schaffen.
3. Am Strand konnte man es ohne Sonnenschirm kaum aushalten.
4. Mein kleiner Bruder bekam sogar eine schlimme Sonnenallergie.

DAS MUSST DU WISSEN Satzglieder bestimmen

Man kann die einzelnen Satzglieder mithilfe **von Fragen bestimmen.**

- Das **Subjekt** steht immer im **Nominativ.** Man fragt danach mit **„wer“** oder **„was“.**
  Beispiel: *Jens spielt gerne Fußball.*
  Frage: **Wer** spielt gerne Fußball? Antwort: *Jens* (= Subjekt).

- Das **Prädikat** sagt aus, **was getan wird** und ist das **Verb** in einem Satz.
  Beispiel: *Susanne fährt oft ins Grüne.*
  Frage: **Was tut** Susanne oft? Antwort: Sie *fährt* (= Prädikat).

- Das **Objekt** ist eine **Satzergänzung** und kann in **verschiedenen Fällen** stehen.
  - Es gibt **Genitivobjekte,** nach denen man mit **„wessen“** fragt.
    Beispiel: *Bernd erinnert sich des Auftrags.*
    Frage: **Wessen** erinnert sich Bernd? Antwort: *des Auftrags* (= Genitivobjekt).
  - Es gibt **Dativobjekte,** bei denen das Fragewort **„wem“** ist.
    Beispiel: *Bernd bringt dem Meister den Auftrag.*
    Frage: **Wem** bringt Bernd den Auftrag? Antwort: *dem Meister* (= Dativobjekt).
  - Es gibt **Akkusativobjekte;** nach ihnen fragt man mit **„wen“** oder **„was“.**
    Beispiel: *Bernd informiert den Abteilungsleiter über den Auftrag.*
    Frage: **Wen** informiert Bernd über den Auftrag?
    Antwort: *den Abteilungsleiter* (= Akkusativobjekt).

Adverbiale Bestimmungen haben in einem Satz die Aufgabe, die **Umstände eines Geschehens genauer zu beschreiben.** Auch sie kann man durch Fragen ermitteln.

- **Adverbiale Bestimmungen des Ortes**
  Nach ihnen fragt man mit: **Wo? Wohin? Woher? Wie weit?**
  Beispiel: *Ein Wachhund hat in der Innenstadt einen Einbrecher verfolgt.*
  Frage: **Wo** hat der Wachhund einen Einbrecher verfolgt? Antwort: *in der Innenstadt.*

- **Adverbiale Bestimmungen der Zeit**
  Fragewörter sind hier: **Wann? Wie oft? Wie lange? Seit wann? Bis wann?**
  Beispiel: *Ein Wachhund hat gestern Abend einen Einbrecher verfolgt.*
  Frage: **Wann** hat ein Wachhund einen Einbrecher verfolgt?
  Antwort: *gestern Abend.*

- **Adverbiale Bestimmungen der Art und Weise**
  Nach ihnen fragt man mit: **Wie? Wie viel? Wie sehr? Womit? Wodurch? Mit wem?**
  Beispiel: *Ein Wachhund hat mit lautem Knurren einen Einbrecher verfolgt.*
  Frage: **Womit** hat ein Wachhund einen Einbrecher verfolgt?
  Antwort: *mit lautem Knurren.*

▶ **Adverbiale Bestimmungen des Grundes**
Fragewörter sind hier: **Warum? In welchem Fall? Mit welcher Folge? Wozu? Trotz wessen?**
Beispiel: *Ein Wachhund hat trotz strömenden Regens einen Einbrecher verfolgt.*
Frage: **Trotz wessen** hat ein Wachhund einen Einbrecher verfolgt?
Antwort: *trotz strömenden Regens.*

2 **Bestimme in den folgenden Sätzen die Satzglieder. Wenn du dir nicht sicher bist, schau im Kasten oben noch einmal nach den jeweiligen Fragewörtern.**

BEISPIEL

In der letzten Woche	hatte	unsere Klasse	Besuch.
adverb. Best./Zeit	*Prädikat*	*Subjekt*	*Akkusativobjekt*

1. *Die Polizisten* | *hatten* | *ein für uns wichtiges Thema* | *im Gepäck.*

2. *Sie* | *brachten* | *Informationen zu illegalen Downloads* | *mit* | *in die Politikstunde.*

3. *Diese Downloads* | *stellen* | *einen Straftatbestand* | *dar.*

4. *Seit geraumer Zeit* | *beobachten* | *Spezialisten* | *genau* | *die Entwicklungen.*

5. *Auch deshalb* | *sollte* | *man* | *im Internet* | *besser* | *immer* | *den legalen* | *Weg* | *gehen.*

DAS MUSST DU WISSEN Attribute

Das Attribut ist ein Teil eines Satzgliedes. Es gibt uns **nähere Informationen** zu **Substantiven, einem Pronomen oder einem Adjektiv.**

Beispiel: *Mit einem* ***freundlichen*** *Lächeln stellte ich mich dem* ***sympathischen*** *Chef vor.*

Manchmal sind Attribute so wichtig, dass ohne sie ein Satz keinen Sinn ergibt.

Beispiel: ***Eintönige*** *Praktika machen keinen Spaß.* Wenn man dieses Attribut weglässt, ergibt sich ein völlig anderer Sinn: *Praktika machen keinen Spaß.*

Attribute kommen **in verschiedenen Formen** vor:

- als **Adjektiv** — *Ein* ***interessantes*** *Praktikum ...*
- als **Adverb** — *Praktika* ***heute*** *sind ...*
- als **Substantiv im Genitiv** — *Das Praktikum* ***meines Freundes*** *...*
- als **Substantiv + Präposition** — *Praktika* ***in Altenheimen*** *sind ...*
- als **Relativsatz** — *Das Praktikum,* ***das ich mache,*** *ist ...*

Oft wird ein Substantiv gleich von **mehreren Attributen** begleitet. Dies hat zur Folge, dass das Substantiv **besonders genau beschrieben** wird.

Beispiel: *Dies ist ein interessantes, anspruchsvolles Praktikum, das mir viel Spaß machen wird.*

3 Entscheide, um welche Art von Attribut es sich in den folgenden Sätzen handelt.

BEISPIEL

Seinen Traumberuf zu finden, ist *furchtbar schwierig.*

Attribut als: *Adjektiv*

Mein Traumberuf

1. Der Beruf, *den ich einmal erlerne,* soll mir ja auch Spaß machen. ______
2. Mein Praktikum *damals* hat mich sehr beeindruckt. ______
3. Berufe *im Sozialbereich* finde ich schon interessant. ______
4. Ich könnte mir aber auch vorstellen, mal in den Bürojob *meines Vaters* hineinzuschnuppern. ______
5. Ich glaube, dazu muss ich mir noch einmal *genaue Gedanken* machen. ______

Test

1 Fülle in der Tabelle die leeren Felder aus, indem du die richtige Zeitform im Aktiv oder Passiv bildest.

Tempus	Aktiv	Passiv
Präsens		Die Tiere werden von den Kindern gefüttert.
	Das Eichhörnchen knackt Nüsse.	
Perfekt	Der Hund hat das Kind in die Hand gebissen.	
		Die Kühe sind vom Bauern auf der Weide gemolken worden.
Präteritum	Die Polizei verfolgte den Dieb durch die Stadt.	
		Der Einbrecher wurde von dem Polizeibeamten gefasst.
Plusquamperfekt		Der Rundflug war vom Piloten wegen des schlechten Wetters abgebrochen worden.
	Die Schafe hatten die Weide innerhalb kurzer Zeit abgegrast.	
Futur I	Der Postbote wird morgen hoffentlich die Geburtstagspost bringen.	
		Das Schwimmbad wird gleich vom Schwimmmeister geöffnet werden.

2 **Fülle die Lücken im Text mit den Begriffen aus dem Wortspeicher.**

Infinitiv *Konjunktiv* *Futur I* *Perfekt* *Konjunktiv II* *Futur II* *Indikativ* *Gegenwart* *Präteritum* *Plusquamperfekt*

1. Die Grundform eines Verbs nennt man ______. In einem Satz verändert sich das Verb, indem man beispielsweise ein Personalpronomen hinzufügt. Dann steht das Verb im ______ (= Wirklichkeitsform).
2. Verben können in verschiedenen Zeitformen stehen. Die Zeitformen der Vergangenheit heißen ______, ______ und ______.
3. Das Präsens ist die Zeitform der ______. Wenn ich etwas beschreiben will, das in der Zukunft geschieht, verwende ich das ______ oder das ______.
4. Wenn ich Wünsche und Vorstellungen zum Ausdruck bringen möchte, dann benutze ich die Möglichkeitsform (= ______).
5. Der ______ wird eingesetzt, um auszudrücken, dass etwas nicht unbedingt der Wirklichkeit entspricht, also nur ein Wunsch oder eine Vorstellung ist.

3 **Übertrage den folgenden Text in dein Heft und ergänze dabei die angebotenen Ausdrücke als Attribut. Dazu musst du sie teilweise verändern.**

Der Beruf ist Animateur. Ich würde die Tage an Stränden verbringen. Jede Woche würde ich Leute kennenlernen. Ich würde im Hotel schlafen.
Ständig wäre ich von Leuten umgeben.
Vielleicht ist das aber doch nicht der Beruf. Die Touristen nerven bestimmt. Mir würden sicher die Gespräche fehlen. Ich wäre weg von zu Hause und meiner Familie.

mit meinen Freunden *meiner Träume* *richtig* *mehrere Flugstunden weit* *traumhaft und endlos* *komfortabel* *für mich* *interessant und neu* *die alle gute Laune haben* *die mich ständig etwas fragen*

4 Richtig schreiben

Das musst du am Ende der Klasse 8 können:

- ▷ Die Regeln der s-Schreibung kennen und anwenden
- ▷ Die grundlegenden Regeln für die Groß- und Kleinschreibung beherrschen
- ▷ Die Regeln für die Schreibweise von Eigennamen und Herkunftsbezeichnungen kennen und anwenden
- ▷ Die Kommaregeln für Satzgefüge kennen und anwenden

4.1 s-Laute

DAS MUSST DU WISSEN | **Stimmhaft oder stimmlos?**

- ▶ Den **stimmhaften s-Laut** (auch summendes s) schreibt man immer **s**.
  Beispiele: *Nase, Dose, Rasen*

  Aufgepasst! Manchmal hört man das Summen des s-Lauts erst bei der Wortverlängerung (Verlängerungsprobe).
  Beispiele: *Mau?* → *Mäuse* *Kie?* → *Kieselstein*

- ▶ Den **stimmlosen s-Laut** (auch zischendes s) schreibt man
  - **nach kurzem Vokal** fast immer **ss**;
    Beispiele: *Kasse, Kuss, hassen*
  - **nach langem Vokal oder Diphthong** (au, ei, eu, äu, ai) **ß**.
    Beispiele: *Fuß, Fleiß*

  Aufgepasst! Bei manchen Verben wechselt die Länge des Vokals. Damit ändert sich auch die Schreibweise.
  Beispiele: *ess**en*** → *er aß, schieß**en*** → *er schoss*

- ▶ Substantive, die auf **-nis** enden, werden mit **s** geschrieben.
  Beispiele: *Geheim**nis*** → aber: *Geheim**nisse**, Zeug**nis*** → aber: *Zeug**nisse***

- ▶ Einige Wörter, die man am Ende mit s schreibt, musst du dir einfach gut merken. Dazu gehören: *das, was, als, bis, uns, nirgends, hinaus, es, morgens, abends, falls, Bus, gestern, Zirkus, Diskus, Atlas, Rhythmus*

1 **Bilde Wortverlängerungen, sodass du das stimmhafte „s“ deutlich hören kannst. Sprich die Wortverlängerungen laut aus.**

Gans		Kreis	
Los		Maus	
Haus		Glas	
mies		Puls	
endlos		Eis	
religiös		Beweis	

2 **Entscheide nun selbst, ob die Wörter mit „s“ oder „ß“ geschrieben werden. Wende die Verlängerungsprobe an.**

BEISPIEL

Fu? → *die Füße*

Grei?		Klo?	
Hal?		Moo?	
Ma?		Mau?	
Prei?		Spie?	
Spa?		Ga?	
Ver?		Ru?	
Schwei?		Auswei?	
muskulö?		sü?	

3 **Setze ß oder ss ein. Sortiere dann die Wörter und übertrage sie in die Tabelle auf S. 83. Achte dabei auf die Länge des Vokals und darauf, ob dem s-Laut ein Diphthong (au, ei, eu, äu, ai) vorausgeht.**

Flu___ *Gru___* *Scho___* *Schu___* *scheu___lich* *gro___* *Fa_*

Flo___ *wei___* *Ku___* *Flei___* *Ri___* *Gu___* *Pa___* *hei_*

schlie___lich *Ha___* *bla___* *Ba___*

Langer Vokal oder Diphthong: ß	Kurzer Vokal: ss

4 **Bei manchen Verben kann sich die Länge des Vokals verändern. Dabei ändert sich auch die Schreibweise des s-Lautes (s. S. 81).**

▷ Ergänze die Verbformen in der Tabelle.

▷ Bevor du im Lösungsteil dein Ergebnis vergleichst, sprich die Wörter noch einmal laut und deutlich aus und überprüfe so deine Schreibweise.

Infinitiv	Präteritum (3. Pers. Singular)	Partizip II
essen	*er aß*	*gegessen*
fließen		
reißen		
vergessen		
gießen		
messen		
verlassen		

4.2 Dehnung und Schärfung

DAS MUSST DU WISSEN Die Dehnung

Die meisten Wörter mit lang gesprochenem Vokal besitzen kein Dehnungszeichen.
Beispiele: *Lage, reden, Lob, rufen*

Es gibt drei Formen der Dehnung:

- Der Vokal wird verdoppelt: **aa, ee, oo**
  Beispiele: *Saal, Meer, Boot*

  Achtung: Umlaute (ä, ö, ü) werden niemals verdoppelt!
  Schreibe daher: *Saal* → *Säle*

- Dehnungs-h: **eh, ih, oh, uh**
  Beispiele: *Sahne, nehmen, Sohle, Stuhl*

- Dehnungs-e nach dem i: **ie**
  Beispiele: *Liebe, schieben*

1 **Trenne die einzelnen Wörter aus der Wortschlange und trage sie in die entsprechende Spalte der Tabelle ein.**

Aa/aa	ee	oo
Saal,	*See,*	*Boot,*

2 **Suche zu jedem Wort ein verwandtes Wort mit Umlaut.**

Boot:

Haar:

Waage:

Paar:

TIPPS UND INFOS **Das Dehnungs-h**

Du weißt bereits, dass ein langer Vokal durch ein Dehnungs-h gekennzeichnet sein kann.
Das Dehnungs-h steht besonders oft vor den Konsonanten **l, m, n** und **r.**
Es bleibt in Ableitungen und Wortfamilien fast immer erhalten.
Beispiel: *zahlen, bezahlen, Bezahlung, Zahltag, zählen*

3 **Suche zu folgenden Wörtern eine oder mehrere Ableitungen oder verwandte Begriffe.**

Mühle:

gewähren:

versöhnen:

Ruhm:

prahlen:

Bahre:

Fuhre:

Ahnung:

4 **Bilde Wörter mit den folgenden Buchstabenverbindungen. Wenn du unsicher bist, schlage im Wörterbuch nach.**

BEISPIEL

ahr W ahr *heit*

ahl	ohn
ehr	ehl
ohr	ohl
uhr	uhl
ahn	ahm
ehn	ehm
uhm	uhn

5 Die folgenden Wörter besitzen einen langen Vokal, der nicht durch ein Dehnungszeichen erkennbar ist. Ordne die Wörter den Tabellenspalten zu.

wegen *sich regen* *Mimose* *Rinnsal* *Lug und Trug* *Jade*
Matrose *Qual* *Flug* *Fassade* *Segen* *Rose* *schmal*
Zug *Plage* *Regen* *Dose* *Tal* *Bug* *Sage* *Hose* *Trübsal*
legen *Lose* *Wal* *genug* *Frage* *fegen* *Betrug* *Visage*
Degen *Thrombose* *Merkmal* *Bezug* *Made*

-egen	-ose	-al	-ug	-age/-ade

TIPPS UND INFOS **Die i-Laute**

Für die **i-Laute** gibt es besonders viele verschiedene Schreibweisen.
Das **lange i** kann auf vier Arten wiedergegeben werden:

▶ als **i** (ohne Dehnungskennzeichen, oft in Fremdwörtern)
Beispiele: *Tiger, Kantine, Maschine, Apfelsine, Margarine*

- als **ie**
  Beispiele: *Fliege, hier*
- als **ih** (selten)
  Beispiele: *ihr, ihretwegen*
- als **ieh** (selten)
  Beispiele: *Vieh, ziehen*

6 **Es gibt nur sehr wenige Wörter, die mit „ieh" geschrieben werden. Bilde zu den folgenden Verben die entsprechenden Zeitformen.**

Infinitiv	3. Pers. Singular Präsens	3. Pers. Singular Präteritum
wiehern		
stehlen		
fliehen		
leihen		
sehen		
befehlen		
empfehlen		

7 **Die folgenden Wörter werden gleich ausgesprochen, haben aber je nach Schreibweise eine unterschiedliche Bedeutung.**

▷ Bilde zu jedem Wort einen sinnvollen Satz.
▷ Arbeite im Heft.

BEISPIEL

Wal: *Der Wal gilt als das größte lebende Säugetier.*

der W**a**l (Tier) ↔ die W**a**hl (Substantiv zu „wählen")

ein Bild m**a**len ↔ Korn m**ah**len

das Augenl**i**d ↔ das gesungene L**ie**d

F**i**ber (eine Faser) ↔ F**ie**ber (erhöhte Temperatur)

das Merkm**a**l ↔ das Mahl (die M**ah**lzeit)

M**i**ne (Erzgrube oder Kugelschreibermine) ↔ M**ie**ne (Gesichtsausdruck)

der Besenst**ie**l ↔ der persönliche Einrichtungsst**i**l

S**oh**le am Schuh ↔ S**o**le (Salzbrühe)

den Papierkorb l**ee**ren ↔ die Schüler l**eh**ren (Lehrer)

w**ie**der (noch einmal, erneut oder zurück) ↔ w**i**der (gegen)

TIPPS UND INFOS **wider/wieder**

Die Wörter wieder/wider werden in vielen unterschiedlichen Wortverbindungen benutzt. Um jeweils die richtige Schreibweise herauszufinden, musst du den Sinnzusammenhang des Satzes erkennen.

Beispiel:

Würdest du mir bitte meinen Füller ***wiedergeben?*** (= zurückgeben)

Du sollst deinen Eltern nicht immer ***widersprechen.*** (= dagegen sprechen)

8 Entscheide, welche der jeweiligen Wortverbindungen richtig ist. Setze sie in die entsprechende Lücke ein.

1. Du musst die Vokabeln unbedingt noch einmal ______ (wider-/wiederholen).
2. Du kannst der Versuchung des Naschens nicht ______ (wider-/wiederstehen).
3. Es ______ (wider-/wiederstrebt) mir, dich immerzu ermahnen zu müssen.
4. Der Dieb versuchte sich der Verhaftung zu ______ (wider-/wiedersetzen).
5. Wann werden wir uns endlich ______ (wider-/wiedersehen)?
6. Der Angeklagte legte gegen das Urteil ______ (Wider-/Wiederspruch) ein.
7. Er hat das vermisste Buch ______ (wider-/wiedergefunden).
8. Sie werden erst am frühen Abend ______ (wider-/wiederkommen).

DAS MUSST DU WISSEN Die Schärfung

Von Schärfung spricht man, wenn kurz gesprochene Vokale besonders gekennzeichnet werden. Es gibt mehrere Formen der Schärfung:

- Konsonantenhäufung: Zwei oder mehrere verschiedene Konsonanten folgen dem kurzen Vokal.
  Beispiele: *stampfen, Kunst, Tante*
- Konsonantenverdoppelung: Der nachfolgende Konsonant wird verdoppelt.
  Beispiele: *Wetter, Wappen*
- Ein „ck“ oder „tz“ folgen dem kurzen Vokal.
  Beispiele: *Zecke, Tatze*

9 **Suche passende Wortbeispiele zu den Merkmalen der Schärfung.**

Konsonatenverdoppelung	ck	tz	Konsonantenhäufung

TIPPS UND INFOS Merkregeln zur Schärfung

- Nach kurzem Vokal schreibt man meistens „ck“ oder „tz“.
  Beispiele: *Macke, Tatze*
- Nach l, m, n, r, das merke ja, steht nie tz und nie ck.
  Beispiele: *schwarz, Schmalz, Harke, tanken*
- Bei einer Konsonantenhäufung nach kurzem Vokal (s. oben) wird keiner der Konsonanten verdoppelt.
  Beispiele: *turnen, Kampf*

10 **Löse das Silbenrätsel. Gesucht werden Wörter mit kurzem Vokal und Schärfungsmerkmalen.**

Metz *wür* *War* *Ge* *glän* *hals* *zen* *zung* *Pro* *me*

zen *hä* *Wip* *ze* *Geiz* *pe* *ke* *Hei* *keln* *Har*

gram *ger*

1. Berufsgruppe, die mit Fleisch handelt:
2. unangenehme Hauterkrankung (Plural):
3. benutzt man zum Abschmecken beim Kochen:
4. Kinderspielgerät:
5. erzeugt im Winter Wärme:
6. jemand, der ungern Geld ausgibt:
7. im Fernsehen gibt es verschiedene ... :
8. zu den Handarbeiten gehörige Tätigkeit:
9. hell strahlen:
10. Gartengerät:

4.3 Groß- und Kleinschreibung

DAS MUSST DU WISSEN Die wichtigsten Regeln

- **Substantive** schreibt man groß.
  Wörter, die auf **-heit, -keit, -ung, -nis, -tum, -schaft** enden, sind Substantive und werden deshalb großgeschrieben.
- **Satzanfänge** schreibt man groß.
  Den **Beginn der wörtlichen Rede** schreibt man groß, wenn nach dem Doppelpunkt ein vollständiger Satz folgt.
  Beispiel: *Susi sagt: „Ich habe ihn gestern schon gesehen."*
- Die **Anredepronomen bei der höflichen Anrede** (wenn man jemanden siezt) schreibt man groß.
  Beispiel: *„Ich glaube, Sie haben da etwas verloren."*

- **Verben** und **Adjektive** werden großgeschrieben, wenn sie im Satz als Substantiv gebraucht werden **(Substantivierung/Nominalisierung).** Die Signalwörter für Substantive helfen dir dabei, dieses zu erkennen:
  - mit **Artikel:** *das* Schwimmen, *ein* Gähnen, *die* Neue,
  - mit **Präpositionen:** *beim* Beobachten, *im* Allgemeinen, *zum* Lachen, *vom* Bauen,
  - mit **Pronomen** und **Mengenangaben:** *dein* Zögern, *sein* Bestes geben, *kein* Klagen, *alles* Gute.
- **Zeitangaben** werden großgeschrieben, wenn sie **Substantive** sind. Das erkennst du an den Signalwörtern für Substantive:
  - mit **Artikel:** *der* Sonntag, *ein* Samstagabend,
  - mit **Präpositionen:** *am* Dienstag, *vom* Mittwoch,
  - mit **Pronomen:** *mein* Freitag, *jeder* Sonntag.
- **Zeitangaben** werden **kleingeschrieben,** wenn sie **Adverbien** sind. Häufig enden sie auf **-s:**
  Beispiele: *samstags, mittags, donnerstagabends, dienstags mittags*
  Bei manchen Tageszeitangaben werden Adverbien und Substantive kombiniert. Dann schreibt man die Substantive groß und die Adverbien klein:
  Beispiele: *gestern Abend, heute Morgen, morgen Nachmittag*
- **Eigennamen** schreibt man groß.
  Beispiel: *die Bonner Universitätsklinik*

1 Substantivierung oder nicht? Setze die Wörter in der richtige Schreibweise ein.

1. Auf einer Expedition durch ein (WILDES) ________ und (UNERFORSCHTES) ________ Land gelangte der (ERFAHRENSTE) ________ an eine (VERSTECKTE) ________ Höhle.
2. Auf der Suche nach Wasser machte ihm das (UNBEKANNTE) ________ der (FREMDEN) ________ Gegend (RIESIGE) ________ Angst.
3. Das (WUNDERBARE) ________ aber, das er dort finden sollte, ließ den (EINSAMEN) ________ seinen Schrecken schnell vergessen.

4. Das (UNANGENEHME) __________ seiner Situation bestand aber immer noch darin, dass er sehr (DURSTIG) __________ war.

5. Beim (BETRETEN) __________ der (FEUCHTEN) __________ Höhle fand er eine Truhe mit (WERTVOLLEM) __________ Inhalt.

6. Vom (FUNKELN) __________ der Schmuckstücke war er geblendet.

7. Seine Freunde, die herbeigeeilt waren, bestaunten das (ELEGANTE) __________ der (SCHÖNEN) __________ Dinge.

8. In der (SICHEREN) __________ Gewissheit, dass sie jetzt wie die (REICHEN) __________ leben konnten, machten sie sich auf den Rückweg.

DAS MUSST DU WISSEN Zeitangaben

- **Tageszeiten** und **Wochentage** werden dann **großgeschrieben**, wenn sie Substantive sind. Du erkennst sie meistens an den bekannten Signalwörtern für Substantive.
  Beispiele: **mit Artikel:** *der Samstag, ein Samstagabend, der Morgen*
  mit Pronomen: *jeden Samstagabend*
  mit Präposition: *am Samstagabend, gegen Abend*

- **Zeiten und Wochentage** werden **kleingeschrieben**, wenn sie Adverbien sind. Sie enden häufig auf -s.
  Beispiele: *montags, mittags, gestern, heute, übermorgen, sonntagabends, montags mittags, täglich*
  Aufgepasst: Wenn die Zeitangabe mit Artikel steht, dann handelt es sich auf jeden Fall um ein Substantiv. Du musst das Wort dann großschreiben.
  Beispiele: *eines Tages, im Laufe des Tages*

- Bei **Zeitangaben** werden sehr oft beide Wortarten (Substantive und Adverbien) miteinander verknüpft. Man schreibt dann entsprechend der Regel die Adverbien klein und die Substantive groß.
  Beispiele: *heute Morgen, morgen Vormittag, gestern Abend*

- **Uhrzeitangaben** werden kleingeschrieben.
  Beispiele: *halb elf, um halb elf*
  Aber Achtung: *(ein) Viertel vor acht*

2 **Ordne die Zeitangaben nach Adverbien und Substantiven und übertrage sie in der richtigen Schreibweise in die Tabelle.**

DER NACHMITTAG · AM ABEND · EINES TAGES · GESTERN · GEGEN MORGEN · MITTAGS · ÜBERMORGEN · JEDEN NACHMITTAG · DIENSTAGS · SAMSTAGMORGENS · AM SONNTAGNACHMITTAG · DES MORGENS · MONTAGS NACHTS · VORGESTERN · DIESEN MORGEN · JÄHRLICH · MITTWOCHABENDS · DER MONTAGMORGEN

Substantive + Signal	Adverbien

3 **Setze die in Klammern angegebenen Tageszeiten richtig ein.**

1. Wir gehen ________ (am samstagabend) ins Kino.
2. Die Tageszeitung ist ________ (heute morgen) nicht geliefert worden.
3. Wir schreiben ________ (jeden freitag) einen Vokabeltest.
4. An unserem Gartenteich hört man ________ (abends) die Grillen zirpen.
5. Das Fußballspiel fand erst ________ (am späten sonntagnachmittag) statt.

6. Wie geht es dir ____________________ (heute)?

7. Die entlaufene Katze stand ____________________ (eines morgens) wieder vor der Tür.

8. Gewöhnlich gehe ich ____________________ (dienstagabends) zum Sport.

4 Schreibe die folgenden Uhrzeiten auf.

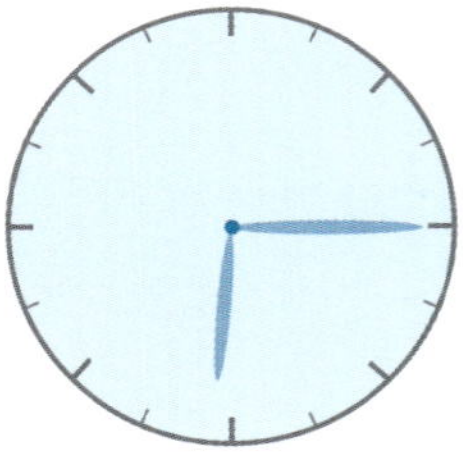

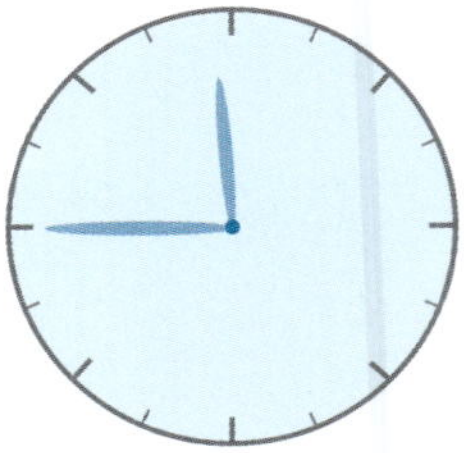

____________________ ____________________ ____________________

5 Judith hat einen Aufsatz über ein Ferienerlebnis geschrieben. Da sie sich noch nicht so gut am Computer auskennt, hat sie alle Wörter kleingeschrieben.

▷ Schreibe den Aufsatz in richtiger Groß- und Kleinschreibung ab.
▷ Arbeite im Heft.

ein tag am twistesee

an einem sonnigen montag in den ferien machten wir einen ausflug zum twistesee. schon am vormittag schien die sonne und es sollte ein heißer tag werden. früh am morgen packten wir unsere taschen, denn es sollte schon vormittags losgehen. gegen zehn uhr kaufte meine mutter noch ein paar leckereien für unser picknick ein, denn wir wollten bis gegen abend bleiben. um viertel vor zwölf konnte es dann endlich losgehen. meine beiden freundinnen rose und corinna sowie mein bruder jonas und seine freunde fynn und paul fuhren auch mit. als wir um viertel nach zwölf am twistesee ankamen, hatten wir alle mühe, die beiden autos auszuladen und alles zu einem sonnigen platz zu transportieren. zwei kajaks mussten vom dachgepäckträger geholt und zwei schlauchboote aufgepumpt werden. nach einer weiteren halben stunde war alles erledigt und wir konnten endlich ins kühle nass springen. meine freundinnen und ich schnappten uns ein schlauchboot und ruderten hinaus auf den see. es machte riesigen spaß, vom boot aus ins wasser zu springen und zu schwimmen. jonas, fynn und paul ärgerten uns ständig und versuchten, unser boot zum kentern zu bringen. am frühen nachmittag verdunkelte sich plötzlich der himmel und ein gewitter zog auf. wir brachten unsere sachen unter einem der boote in sicherheit und suchten selber unter dem zweiten boot schutz. nach einer weiteren halben stunde ließen regen und gewitter nach und wir konnten noch mal ins wasser. bis zum frühen abend paddelten, schwammen, planschten und spielten wir. um halb sieben brachen wir dann wieder auf. in der nacht träumte ich noch von diesem schönen erlebnis.

6 Groß oder klein? Entscheide und streiche jeweils die falsche Schreibweise durch.

1. Ich bin **m/M** orgens immer noch sehr müde.
2. Darüber habe ich mich **g/G** estern **a/A** bend doch sehr gewundert.
3. Können wir uns **m/M** orgen **m/M** ittag in der Stadt treffen?
4. Ich glaube nicht, dass er **d/D** ienstag zu der Verabredung erscheinen wird.
5. Am **a/A** bend habe ich noch einen wichtigen Wettkampf mit meiner Mannschaft.
6. Ich kann nicht kommen, weil ich **d/D** onnerstags immer pünktlich zum Training muss.

7 Entscheide dich in den folgenden Sätzen für Groß- oder Kleinschreibung. Markiere die richtige Schreibung und begründe deine Wahl.

BEISPIEL

Sehr geehrter Herr Weiner. Ich sende i/I hnen heute meine Unterlagen zu.
Begründung: *Groß, weil höfliche Anrede.*

1. Sie sagte zu ihm: „i/I ch glaube nicht, dass du dich davor fürchten musst.“

   Begründung:

2. Mein Freund war sich sicher, dass ich mit dieser d/D reistigkeit Erfolg haben würde.

   Begründung:

3. Auch s/S ie, Herr Meier, können sich schon einmal darauf einstellen.

   Begründung:

4. Ich mag es, dass er mich immer zum l/L achen bringt.

   Begründung:

5. Ich schätze, wir treffen uns am d/D ienstag erst a/A bends.

   Begründung:

DAS MUSST DU WISSEN **Eigennamen und Herkunftsbezeichnungen**

- **Herkunftsbezeichnungen,** die **auf -er** enden, werden großgeschrieben.
  Beispiele: *die Düsseldorfer Verwaltung, Tilsiter Käse*
- **Herkunftsbezeichnungen,** die **auf -isch** enden, schreibt man **klein.**
  Beispiele: *asiatische Küche, griechischer Schinken*
- Wenn das Adjektiv zu einem **Namen** gehört, musst du es großschreiben.
  Beispiele: *der Hamburger Dom, die Chinesische Mauer, die Mainzer Universität*
- Auch eine Bezeichnung für etwas, was es **nur einmal** gibt, musst du großschreiben.
  Beispiele: *der Pazifische Ozean, der Internationale Frauentag, das Brandenburger Tor*

Tipp: Wenn du dir bei der Schreibweise nicht ganz sicher bist, dann schlage im Wörterbuch nach!

8 **Trage die richtige Schreibweise in die Tabelle ein.**

das ROTE KREUZ *der ERSTE NOVEMBER*

das ROTE MEER *der KIELER FISCHMARKT*

das NEUE TESTAMENT *das SCHWARZE SCHAF*

der MÜNSTERANER ZOO *die ROTE KARTE*

der HOLLÄNDISCHE KÄSE *die SCHWEIZER BERGE*

Wird großgeschrieben:	Wird kleingeschrieben:

4.4 Fach- und Fremdwörter

TIPPS UND INFOS Typische Merkmale

Fremdwörter sind Wörter aus anderen Sprachen, die wir jedoch auch im Deutschen benutzen. Obwohl schon viele Fremdwörter in ihrer Schreibweise den deutschen Rechtschreibregeln angepasst wurden, richten sich Schreibung und Aussprache häufig noch nach den Regeln des jeweiligen Herkunftslandes.

Fremdwörter werden in den meisten Fällen nicht nach Gehör richtig geschrieben. Doch es gibt **Regeln**, die dir bei der Rechtschreibung von Fremdwörtern helfen.

- Fremdwörter beginnen häufig mit typischen **Vorsilben.**
  Beispiele:

Sub-/sub-	*Substantiv*	*subtrahieren*
Ex-/ex-	*Exkursion*	*explodieren*
Trans-/trans-	*Transfer*	*transportieren*
Kon-/kon-	*Konstruktion*	*konzentrieren*
Re-/re-	*Reaktion*	*relativ*

- Fremdwörter enden häufig mit typischen **Endsilben.**
  Beispiele:

-ieren	*kopieren*	*addieren*
-age	*Blamage*	*Etage*
-ion	*Reaktion*	*Station*
-iv	*aktiv*	*passiv*
-eur	*Konstrukteur*	*Friseur*
-or	*Doktor*	*Dekor*
-ine	*Maschine*	*Rosine*

- Fremdwörter werden häufig mit **ph, rh** oder **th** geschrieben.
  Beispiele:

Ph-	*Physik*	*Philosophie*
Rh-	*Rhythmus*	*Rheuma*
Th-/-th-	*Theater*	*katholisch*

- Fremdwörter enden häufig auf **ie.**
  Beispiele: *Monotonie, Magie*

- Fremdwörter haben im Wortinnern meistens nur ein **einfaches i.**
  Beispiele: *Apfelsine, positiv*

1 Verbinde die Wortanfänge mit den Endsilben.

- ▷ Notiere die Fremdwörter, die sich daraus ergeben.
- ▷ Schlage ihre Bedeutung im Wörterbuch nach.

analys- Kors- appellat- Frustrat- Amat- Report- Stat- hypnotis- Margar- Illus- Spedit- Koordinat-

-ieren -age -or -ion -iv -ieren -ine -eur -age -iv -eur -ion -or

2 Suche jeweils zwei Fremdwörter, die mit den folgenden Vorsilben beginnen. Schlage im Wörterbuch die richtige Schreibweise nach.

Sub-/sub-

Ex-/ex-

Trans-/trans-

Kon-/kon-

Re-/re-

3 **Mit der Endung „-ieren“ werden Substantive und Adjektive zu Verben. Wandle die folgenden Substantive in Verben um.**

Mikroskop: *mikroskopieren*

Garantie:

Konstruktion:

Blamage:

Frisur:

Kur:

Prozess:

Skizze:

Spion:

Philosophie:

Definition:

Finanzen:

Kritik:

Fantasie:

Randale:

Taktik:

4 **In diesem Buchstabengitter verstecken sich senkrecht und waagerecht 18 Fremdwörter. Suche sie heraus und schreibe sie in die entsprechende Spalte der Tabelle** **auf S. 100.**

I	E	H	D	I	S	Z	S	O	B	R	H	O	G	M	E	T	A	P	H	E	R
L	L	B	A	T	H	L	E	T	I	P	I	P	N	F	S	T	Z	H	E	R	X
G	R	E	S	P	N	Y	L	T	Q	H	R	E	R	H	E	U	M	A	G	C	O
O	Y	T	H	E	R	M	A	L	B	A	D	K	C	B	K	P	L	R	A	H	I
W	C	X	D	T	H	K	G	N	K	W	O	G	L	V	L	E	N	A	I	F	K
P	H	A	N	T	O	M	F	G	H	I	E	K	I	O	W	U	S	O	R	R	A
N	A	D	S	A	D	O	H	X	U	S	U	M	F	H	O	L	S	I	H	L	P
B	P	H	I	L	O	S	O	P	H	I	E	E	C	K	L	U	H	R	A	G	N
O	R	L	Y	K	D	L	H	G	P	R	V	F	D	O	R	H	O	M	B	U	S
U	U	Z	T	H	E	S	E	H	H	J	Q	U	P	S	T	L	E	J	A	P	O
E	H	K	H	K	N	I	X	R	O	I	U	T	R	Y	A	D	I	Z	R	C	V
F	B	L	E	L	D	F	O	S	S	D	A	H	K	M	I	P	O	W	B	I	U
P	T	L	O	W	R	V	R	S	P	Z	W	E	U	P	H	O	R	I	E	H	N
Q	A	J	L	D	O	O	E	T	H	F	R	M	I	A	K	L	A	I	R	R	P
I	E	H	O	E	N	A	F	I	A	E	H	A	N	T	J	I	U	Z	J	B	M
Y	F	B	G	F	T	T	H	C	T	K	C	O	T	H	E	A	T	E	R	G	F
P	M	M	I	X	T	B	J	M	A	N	W	S	K	I	U	P	L	L	H	R	P
I	O	V	E	E	N	E	I	R	H	I	N	O	Z	E	R	O	S	A	N	N	J

Ph/ph	Th/th	Rh/rh

5 Fremdwörter-ABC: Finde zu jedem Buchstaben des Alphabets das gesuchte Fremdwort und schreibe es auf. Schlage, falls du dir nicht sicher bist, im Wörterbuch nach. Nicht alle gesuchten Wörter werden großgeschrieben!

A		mit Wasserfarben gemaltes Bild
B		französisches Stangenweißbrot
C		Kämpfer, Sieger
D		Tierbändiger
E		gehäuftes Auftreten einer Infektionskrankheit
F		runde Wurfscheibe aus Plastik
G		Leibesübungen
H		Ballsportart, bei der man einen Stock benutzt
I		Absonderung
J		lange modische Baumwollhose
K		schweres Unglück
L		rechtmäßig, gesetzlich
M		Verfahren, planmäßiges Vorgehen
N		innere Unruhe
O		an der Regierung nicht beteiligte Parteien
P		in die gleiche Richtung und mit gleichem Abstand verlaufend

Q		Unterkunft
R		anerkennen, achten
S		Fachmann
U		Gebrauchsgegenstand, Gerät
V		fast luftleerer Raum
W		Hütte von Indianern
X		Schlaginstrument mit Holzstäben
Z		Körper in der Form einer Rolle, Walze

Tipp: Lege dir selbst eine Fremdwörterkartei an. Du kannst dazu ein einfaches Vokabelheft benutzen, so wie du es aus dem Fremdsprachenunterricht kennst.

4.5 Fehlerschwerpunkte

DAS MUSST DU WISSEN — **Wörter mit x, chs, gs oder ks**

Der Laut, den du als „ks“ hörst, kann durch verschiedene Buchstaben oder Buchstabenfolgen wiedergegeben werden:

- als **x:** *A**x**t, he**x**en,*
- als **chs:** *A**chs**e, Da**chs**,*
- als **ks** (selten): *Ke**ks**, Ko**ks**, Mur**ks**,*
- als **gs** (selten): *län**gs**t, weni**gs**tens, du lü**gs**t.*

1 **Ordne die Buchstaben so, dass sich sinnvolle Wörter ergeben, und schreibe die gefundenen Begriffe auf. Achte dabei auch auf die Groß- und Kleinschreibung.**

axti		xuj	
xeni		exlikno	
txte		xfi	
lsxuu		oxber	
xenmi		traex	
axenf		xenfei	

2 **Bilde vollständige Wörter mit chs und schreibe sie auf.**

Fla?		We?el	
La?		Wa?	
O?e		wa?en	
Lu?		Bü?e	
Eide?e		Fu?	

DAS MUSST DU WISSEN **Wörter mit „ai“**

Es gibt nur wenige Wörter, die mit „ai“ geschrieben werden. Hierzu gibt es keine Regel, du musst sie dir gut einprägen.

3 **Welche Begriffe werden hier gesucht?**

1. gefährliches Meerestier:
2. Adels- und Herrschaftstitel:
3. befestigtes Ufer zum Anlegen von Schiffen:
4. ein ganzes Brot:
5. Fischeier:
6. ein Monat:
7. Kolbenfrucht:
8. Teil eines Zupfinstruments:
9. elternloses Kind:

DAS MUSST DU WISSEN **„End-/end-“ und „Ent-/ent-“**

- Den Wortteil „End-/end-“ erkennst du an zwei Merkmalen:
  - Er steht dann, wenn das Wort mit der Bedeutung „Ende“ in Verbindung steht.
  - Er wird beim Aussprechen betont.

  Beispiele: *endgültig, Endspiel*
- Die Vorsilbe „Ent-“, bzw. „ent-“ erkennst du daran, dass sie sich nicht auf die Bedeutung „Ende“ bezieht und in der Aussprache unbetont bleibt.

  Beispiele: *Entscheidung, entlassen*

4 **Entscheide jeweils, ob das Wort mit der Bedeutung „Ende“ zusammenhängt oder nicht. Überprüfe, ob die Silbe betont wird oder nicht. Setze dann „d“ oder „t“ ein.**

en ___ laufen	En ___ silbe	En ___ lagerung
En ___ führung	En ___ wicklung	en ___ gegnen
En ___ station	En ___ zeitstimmung	En ___ lauf
en ___ fallen	en ___ halten	En ___ summe
En ___ kampf	En ___ moräne	en ___ gegen
en ___ behren	en ___ lich	en ___ los
En ___ decker	en ___ sagen	En ___ scheidung
En ___ gelt	En ___ station	En ___ fernung
en ___ gültig	en ___ blößen	en ___ tarnen

4.6 Kommasetzung bei Satzgefügen

DAS MUSST DU WISSEN Haupt- und Nebensätze

Die **Verbindung von Haupt- und Nebensätzen** (Gliedsätzen) nennt man **Satzgefüge**.

- Nebensätze werden durch eine **Konjunktion** eingeleitet und durch ein Komma von dem Hauptsatz getrennt.
- Sie sind unselbstständig, d. h., sie können nicht alleine stehen. Außerdem ergänzen sie den Hauptsatz um wichtige Informationen.
- Nebensätze können vor oder hinter dem Hauptsatz stehen oder in den Hauptsatz eingeschoben werden.

Beispiele:

Ein leuchtender Regenbogen erschien am Himmel, **nachdem** der Wolkenbruch vorüber war.

Nachdem der Wolkenbruch vorüber war, erschien ein leuchtender Regenbogen am Himmel.

Am Himmel erschien, **nachdem** der Wolkenbruch vorüber war, ein leuchtender Regenbogen.

Legende: Hauptsatz (HS) Nebensatz (NS) **Konjunktion**

DAS MUSST DU WISSEN Nebensätze erkennen

Nebensätze erkennt man an folgenden Merkmalen:

- Ein Nebensatz wird meistens durch eine Konjunktion eingeleitet, die man **unterordnende Konjunktion** nennt.
- Die **Personalform des Prädikats** steht im Nebensatz immer **am Ende.**
- Ein Nebensatz ist von seinem Hauptsatz **abhängig** und ergibt allein keinen Sinn.
- Ein Nebensatz wird durch ein **Komma** vom Hauptsatz getrennt.
- Ein eingeschobener Nebensatz wird durch zwei Kommas vom Hauptsatz abgetrennt.

Beispiel:

Die Welt erscheint in einem leuchtenden Gelb, **wenn** der Raps **blüht**.

Hauptsatz — **Konj.** + Nebensatz — **Prädikat** (NS)

1 Bestimme in den folgenden Sätzen die Nebensätze.

- Kreuze sie zunächst jeweils an.
- Unterstreiche dann in den gefundenen Nebensätzen die Konjunktionen rot und die Personalform des Prädikats blau.

1.
- ☐ die Sonne brannte heiß vom Himmel
- ☐ weil die Sonne heiß vom Himmel brannte
- ☐ vom Himmel brannte heiß die Sonne
- ☐ brannte die Sonne heiß vom Himmel

2.
- ☐ hatten die Kinder bei Gewitter große Angst
- ☐ die Kinder hatten bei Gewitter große Angst
- ☐ obwohl die Kinder bei Gewitter große Angst hatten
- ☐ bei Gewitter hatten die Kinder große Angst

3.
- ☐ im Wald können wir uns nicht verirren
- ☐ damit wir uns im Wald nicht verirren können
- ☐ können wir uns im Wald nicht verirren
- ☐ wir können uns im Wald nicht verirren

DAS MUSST DU WISSEN Arten von Nebensätzen

Hier findest du eine Aufstellung der wichtigsten Arten von Nebensätzen mit ihren Konjunktionen.

Aufgabe	Konjunktionen	Beispiel	Fachbegriff
Angabe von Grund, Ursache	*weil; da*	*Ich werde dir eine Pizza spendieren, weil du so ein gutes Zeugnis hast.*	kausaler Nebensatz
Angabe von Folge, Wirkung	*dass; sodass; so …, dass*	*Er war so schwach, dass er im Endlauf nicht mehr antreten konnte.*	konsekutiver Nebensatz
Angabe der Bedingung, Voraussetzung	*wenn; falls; sofern*	*Wenn du nicht regelmäßig deine Vokabeln lernst, wirst du nie eine bessere Arbeit schreiben.*	konditionaler Nebensatz
Angabe der Zeit	*als; bevor; ehe; wenn; nachdem; während*	*Während sie im Krankenhaus lag, fuhren ihre Freunde auf Klassenfahrt.*	temporaler Nebensatz
Angabe einer Einschränkung	*obgleich; obwohl; wenngleich*	*Obwohl er sich zusammenreißen wollte, hielt er seinem Sohn eine Standpauke.*	konzessiver Nebensatz
Angabe der Art und Weise	*dadurch dass; indem*	*Sie brachte das Baby zur Ruhe, indem sie ihm ein Lied vorsang.*	modaler Nebensatz

Aufgabe	Konjunktionen	Beispiel	Fachbegriff
Angabe von Zweck, Ziel, Absicht	*dass; damit*	*Der Lehrer gab nicht so viele Hausaufgaben auf, damit die Kinder ins Freibad gehen konnten.*	finaler Nebensatz
Angabe des Ortes, der Richtung	*wo; wohin; woher (Relativpronomen)*	*Er fuhr nach Berlin, wo das Basketballspiel stattfinden sollte.*	lokaler Nebensatz

Aufgepasst!
Die Wörter, die einen lokalen Nebensatz einleiten, sind keine Konjunktionen. Diese Fragewörter übernehmen hier die Funktion von Relativpronomen. Das Komma wird jedoch auch dabei gesetzt.

2 Untersuche die folgenden Satzgefüge genau.

▷ Unterstreiche zuerst alle Hauptsätze rot und alle Nebensätze blau.
▷ Kreise dann die Konjunktion, die den Nebensatz einleitet, ein.
▷ Setze abschließend die Kommas an die richtige Stelle.

1. Schon seit vielen Jahren wird sehr unterschiedlich diskutiert dass es auf der Erde wärmer wird.
2. Jeder von uns trägt dazu bei, weil auch wir durch die Verbrennung von Öl, Holz und Kohle und die Verwendung von Treibgasen unseren Beitrag zur Erderwärmung leisten.
3. Wissenschaftler weisen uns darauf hin was passiert wenn es auf der Erde wärmer wird.
4. Falls der sogenannte Treibhauseffekt weiter zunimmt wird es zum Steigen der Meeresspiegel kommen und regenarme Regionen können zu Wüsten austrocknen.
5. Es wird ebenfalls vermutet dass die Zunahme extremer Wetterverhältnisse (Orkane, Niederschläge) eine Folge der Erderwärmung ist.
6. Obwohl Wissenschaftler aus aller Welt vor den Folgen warnen scheint die Entwicklung nicht aufzuhalten zu sein.
7. Indem alternative Energiegewinnung durch Wasser, Wind und Sonne gefördert wird kann der Prozess der fortschreitenden Erderwärmung beeinflusst werden.

8. Aber auch jeder Bürger kann seinen Beitrag leisten indem er sparsam und bewusst mit Energie umgeht.

3 Bilde nun selbst Satzgefüge. Wähle aus den vorgegebenen Konjunktionen aus und setze die Kommas.

obwohl *weil* *falls* *damit* *sodass* *indem* *während* *wo*

BEISPIEL

Den Naturschützern des Regenwaldes ist ein großer Erfolg gelungen. Sie konnten ein riesiges Stück Regenwald im Westen Kanadas unter Naturschutz stellen.

Satzgefüge:

Den Naturschützern des Regenwaldes ist ein großer Erfolg gelungen, da sie ein riesiges Stück Regenwald im Westen Kanadas unter Naturschutz stellen konnten.

1. Eine Fläche von 18 000 Quadratkilometern konnte vor dem Abholzen gerettet werden. Heftige Proteste der Papierindustrie mussten abgewehrt werden.

2. Die Schutzzone gehört zum „Great Bear Rainforest". Hier leben Grizzlys, Wölfe, Pumas und Elche.

3. Jahrelang wurden hier rücksichtslos Bäume gefällt. Die Holz- und Papierfabriken zahlten hohe Preise.

4. Im Schutzgebiet selbst dürfen nun keine Bäume mehr gefällt werden. Die sehr seltenen weißen Kermode-Bären können nun hier ungestört leben.

Test

1 Setze die richtige s-Schreibung ein: s, ss oder ß.

In den letzten Ferien hatte ich ein aufregendes Erlebni____.

An einem hei____en Spätsommertag spazierte ich über eine blühende Sommerwie____e, geno____ die Sonne und lie____ mich schlie____lich auf dem Ra____en nieder. Von dort aus beobachtete ich die flei____igen Landarbeiter auf dem Mai____feld, einige Lau____ebengel beim Fu____ballspiel und ein wei____es Ro____, das genü____lich auf der Weide gra____te. Doch plötzlich pa____ierte es, ein gellender Schrei durchri____ die Stille. Das Tier bäumte sich auf und ra____te im wilden Galopp auf mich zu. Es stie____ mich gegen die Fel____wand und preschte in Richtung Uferböschung.

Mein Pul____ ra____te, doch trotzdem fa____te ich all meinen Mut zusammen und folgte dem Pferd zum Ufer. Auf dem Flu____ entdeckte ich ein Flo____, das anscheinend gekentert war. Ein langer Ri____ teilte es in zwei Hälften. Ein Kind hatte sich bereits ans Ufer gerettet, doch ein weiterer Junge trieb im Wasser, ri____ beide Arme hoch und rief verzweifelt um Hilfe. Obwohl ich nicht gerade muskulö____ bin, verga____ ich meine Angst, sprang ins Wa____er, fa____te den Jungen und zog ihn an Land. Von Kopf bis Fu____ durchnä____t setzte ich mich auf das weiche Moos und legte seinen Kopf auf meinen Scho____. Er war bei Bewu____tsein und konnte kurze Zeit später ins Krankenhaus gebracht werden. Schwei____gebadet und mit einem dicken Klo____ im Hals, aber auch ein bi____chen stolz machte ich mich anschlie____end auf den Heimweg.

2 **Schreibe den folgenden Text in der richtigen Schreibweise in dein Heft. Achte dabei auf die Groß- und Kleinschreibung.**

EINE TURBULENTE KLASSENFAHRT

SCHON SEIT WOCHEN ZEIGTE SICH IN UNSERER KLASSE GROßE BEGEISTERUNG FÜR DIE KLASSENFAHRT NACH HAMBURG. MONATELANG HATTEN WIR DIESES BESONDERE EREIGNIS GEPLANT. NUN HATTEN WIR ENDLICH GENUG VOM PLANEN UND DIE REISE KONNTE MONTAGMORGEN LOSGEHEN. BEIM BELADEN DES BUSSES GING ES ZIEMLICH CHAOTISCH ZU, DOCH SCHLIEßLICH SAßEN ENDLICH ALLE UND UNSER LEHRER SAGTE: „AUF GEHTS IN DIE GROßE WEITE WELT!“ DIE FAHRT VERLIEF ZUNÄCHST SEHR RUHIG UND DAS ANGENEHME WAR, DASS WIR REICHLICH PLATZ ZUM SITZEN HATTEN. ALLE WAREN GUTER LAUNE. PLÖTZLICH JEDOCH GAB ES EINEN LAUTEN KNALL UND WIR WURDEN IM BUS ORDENTLICH DURCHGESCHÜTTELT. DER FAHRER FLUCHTE LAUT, BRACHTE DEN BUS AUF DEM SEITENSTREIFEN ZUM STEHEN UND SAGTE: „SO EIN ÄRGERNIS – WIR HABEN EINEN PLATTEN REIFEN.“

UNSER LEHRER FRAGTE SOFORT: „KANN ICH IHNEN HELFEN?“, ABER DER FAHRER SCHÜTTELTE NUR DEN KOPF UND MEINTE, ER MÜSSE NUN EINEN ERSATZBUS ANFORDERN. SO GESCHAH ES UND NACHMITTAGS KONNTEN WIR ENDLICH WEITERFAHREN. ZUM GLÜCK VERLIEF DANN ALLES RUHIG UND WIR VERBRACHTEN TOLLE TAGE IN HAMBURG, BESUCHTEN EIN MUSICAL UND AUCH DEN HAMBURGER FISCHMARKT, WO WIR TYPISCH NORDISCHE SPEZIALITÄTEN VERSPEISTEN.

3 **Formuliere die folgenden Sätze so um, dass Satzgefüge entstehen. Arbeite im Heft.**

1. Die Indianer nennen sie „Spirit-Bears“ (Geister-Bären). Sie sollen die Menschen an die Eiszeit erinnern.
2. Im Rest des Regenwaldes ist der Holzeinschlag nur noch begrenzt erlaubt. Straßen- und Bergbau sind völlig verboten.
3. Indianerstämme und Naturschützer konnten sich gegen industrielle Interessen durchsetzen. Ein weiterer wichtiger Schritt im Kampf für den Naturschutz wurde gemacht.

4 **Setze zuerst die richtigen Buchstabenverbindungen ein.**

Lege dann in deinem Heft eine Tabelle an (Konsonantenverdoppelung – ck – tz – Konsonantenhäufung). Trage die gefundenen Wörter darin ein.

So ____ ergewi ____ er

Schwa ____ en schwa ____ en, Schweinchen schwi ____ en,
A ____ en ga ____ en, Ra ____ en fli ____ en
Tiere, Menschen reißen Wi ____ e
Über diese Sommerhi ____ e.

Auf der He ____ e sitzt ein Spa ____ ,
Kä ____ chen macht gleich einen Sa ____ ,
freut sich auf den Le ____ erbi ____ en,
Spä ____ chen wird man bald vermi ____ en.

Opas Gla ____ e fast verbra ____ t,
E ____ elchen ko ____ t angera ____ t,
bri ____ t ihm die verge ____ ene Mü ____ e,
auf dass sie vor der Hi ____ e schü ____ e.

Da ____ el Waldi und der Fra ____
suchen sich ’nen Scha ____ enpla ____ .
Gri ____ en zi ____ en, Bienen su ____ en.
Hört das Su ____ en von den Hu ____ eln.

Wa____erma____en fa____en, wa____en,
Wo____en sich zusa____enb____len.
Regen fä____t, Hagel pra____elt,
alles ra____elt, rauscht und ra____elt.

Mit ’ner roten Zi____elmü____e
Spri____t ein Schü____e in ’ne Pfü____e.
Regen ri____t durch a____e Ri____en,
Ki____er re____en, jauchzen, spri____en.

Durch die Lü____e zu____en Bli____e,
tre____en jäh die Kirchtu____sp____e.
Do____ern, Gro____en, ein Getose,
nichts für Feigling und Mimose.

5 **Bei den folgenden Wörtern fehlen alle i-Laute. Setze „i“ oder „ie“ ein.**

Monoton____	Sped____teur	L____ga
Telepath____	P____n____e	Plat____n
br____sant	D____sz____pl____n	R____s____ko
Omn____bus	R____vale	Imm____grant
Ind____z	Geometr____	Mot____v
M____krofon	Industr____	Mosk____to
V____s____on	Vent____l	F____bel
D____rektor	Symmetr____	Immob____lien
pos____t____v	Br____kett	Improv____sation

Stichwortverzeichnis